紙1枚に書くだけでうまくいく

# プロジェクト進行の技術が身につく本

TECHNIQUES FOR PROJECT PROGRESS

前田考歩　後藤洋平　著

SHOEISHA

プロジェクトのゴールはあるが、
どこから手をつけていいか、わからない

任されたプロジェクトを
どのように進めたらいいか、わからない

巻き込まれて入ったプロジェクトが
思ったように進まない

いつまで経っても
プロジェクトをうまく進められない

このように、本書を手に取られたみなさんの中には

$$\boxed{\text{プロジェクト}} = \boxed{\text{うまくいかないもの}}$$

と思っている方が多いのではないのでしょうか?

私たち筆者は、数えきれないほどのプロジェクトを支援してきて、あることに気がつきました。

## プロジェクト進行は「技術」である、と。

つまり、誰でも技術を身につければ、プロジェクトはうまくいくのです。
では、どうすれば技術を身につけることができるのか?
そのためのツールが、こちらです……

# 「プ譜」

プロジェクトを前進させるための実践的なツール

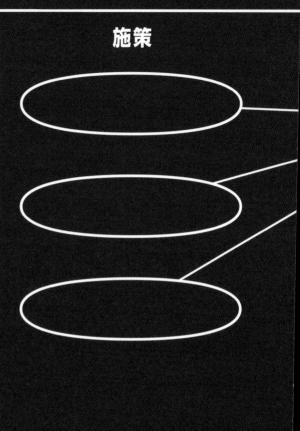

| 廟算八要素 | 施策 |
|---|---|
| ● 人材 | |
| ● 予算 | |
| ● 納期／リードタイム | |
| ● クオリティ | |
| ● ビジネスモデル | |
| ● 環境 | |
| ● 競合 | |
| ● 外敵 | |

プ譜

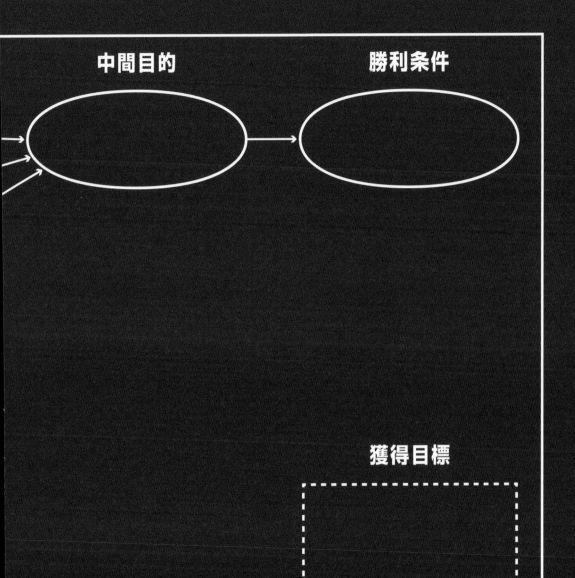

私たちはこれを、「プ譜」とよんでいます。プロジェクトの譜（物事を整理して記録したもの）という意味です。

プ譜はあらゆるプロジェクトがもつ普遍的な要素から構成されているので、プ譜が書けるようになると、おのずとプロジェクト進行の「ツボ」をおさえられるようになります。

また、

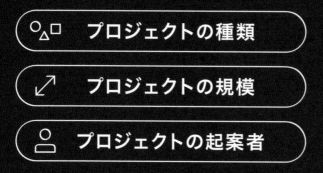

を問わないツールなので、どのようなプロジェクトにも応用できます。

これからの時代、

「やってみる前に、何をしたらどんな結果が得られるかが、
わからない」

ようなプロジェクト型の仕事は、ますます増えていくでしょ
う。そうしたとき、

- ✏️ プロジェクトの進め方を自分の頭で考える
- 📢--- 関係する人々の目線をそろえる
- 👥 みんなを導く

といったことは、もはやビジネスの教養といえます。
とはいえ、プロジェクトの進め方なんて、いままで誰も教
えてくれなかったと思います。

ご安心ください。
みなさんのプロジェクト進行の技術が高まるように、私た
ちの経験とノウハウを本書に注ぎ込みました。

それでは、みなさんのいまの状況に合わせて、お好きな章
から読み進めてみてください。

プロジェクト進行の
基本と理想形をおさえたい方

プ譜について
くわしく知りたい方

プ譜の具体的な使い方や
応用方法を知りたい方

# 紙1枚に書くだけでうまくいく プロジェクト進行の技術が身につく本

# 目　次

**基礎編**

## ♟ 1章　なぜプロジェクト進行が重要なのか

## ♞ 2章　プロジェクト進行の基本をおさえる

## ◯ 3章 プロジェクト進行における6つの落とし穴

## プ 4章 プロジェクト進行に最適なツール「プ譜」

## ☑ 5章 プ譜の構造をマスターする

**実践編**

# ✎ 6章　実例から学ぶプ譜の書き方のコツ

# 👍 7章　プ譜を書いてプロジェクト進行の技術を身につける

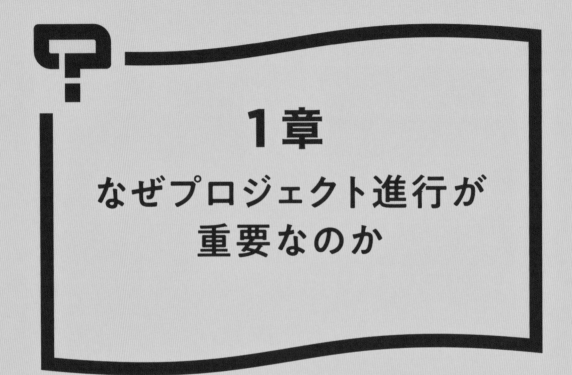

# 1章
## なぜプロジェクト進行が重要なのか

基礎編

プロジェクト進行の技術が身につく本

「プロジェクト進行は、物事を計画通りに進めるための進行管理に過ぎない」というイメージがあるかもしれません。

しかしそれは、大きな誤解です。プロジェクト進行には、チームのポテンシャルを最大限に引き出し、期待以上の成果をもたらすことができる大きな力が秘められています。

本章では、知られざるプロジェクト進行の重要性についてお話しします。

プロジェクト進行の重要性 1

# 現代ビジネスパーソンの基礎スキル

## 🚩 なぜいま「プロジェクト進行」が大切なのか？

現代社会は、大きな変革期を迎えています。

- ・地域や国境を越えた異文化と接する機会の増加
- ・情報技術の発達による新たな産業や職種の誕生
- ・気候変動による自然災害の激甚化や突発的な感染症の流行
- ・キャリアの選択肢の増加と、雇用の流動化

これらの要因により、**働くことが、すなわち「プロジェクト参画」を意味する時代**が到来しています。同じ職場の人やチームと「昨日の延長上に明日を迎える」ようなルーティンワーク型の仕事のやり方が徐々に通用しなくなりつつあります。

突然、思いも寄らない課題が発生し、役割や立場を超えて解決をしなければならなくなる。初対面の人同士でも、即興演奏のように息を合わせて行動をともにする必要に迫られる。正

解を見つけようと右往左往しても見つからず、どうしたらいいかわからなくなってしまう。

いつなんどき、予想もしなかった役割を求められてもおかしくありません。今日の社会はこのような「やってみる前に、何をしたらどんな結果が得られるかが、わからない活動」に満ちているのです。

## ⚑ 前例のない取り組みで成果を出す

当たり前ですが、前例のない取り組みにおいては、誰も正解をもっていません。

このような社会で必要なのは、**その場に集まった人同士をチームとして結束させ、勝利への道を見いだし、未知の課題を解決するためのアクションを促す力**です。未知なる物事の、どこに、どのように働きかければ、状況を前進させられるのか。道なき道を歩むための、野性的な知恵を働かせることが、生き残りにつながります。

近代以降、ルーティンワークは機械化され、さまざまな自動化システムに取り込まれてきました。間違いなくこれからもこの流れは加速することでしょう。そうするとより一層、前例のない状況で進むべき方向を見いだし、人を巻き込み、結果を生み出す力の価値が高まっていきます。

## ⚑ 誰も教えてくれない大切な技術

それは「進行管理」「プロジェクトマネジメント」などとよばれる技術です。しかし、**学校でも会社でも、これらを体系的に教えてくれる機会はほとんどありません。**ですので、多くの人が自己流に陥って行き詰まってしまったり、会社の中で最適化されたやり方で不自由がなかったとしても、一歩会社の外に出ると通用しなかったりします。

そんな時代だからこそ、真のプロジェクト進行の技術を身につけることは大きな意味をもちます。仕事や生活の重要事項を解決する力が得られるだけでなく、自分自身のキャリア選択の幅を広げることにもつながります。プロジェクトを進行させる技術は、これからますます重要度が増していくので、ビジネスパーソンなら身につけておきたい基礎スキルなのです。

> **POINT**
>
> 正解のない状況では正しく問いを立て、人々を方向づける技術が求められる

## 2 理想と現実のギャップを埋める

### ⚑ 個々人の力を方向づけ、結束力を高める

プロジェクト進行とは、計画通りの進行を実現するためのものではありません。そもそも正解が見えない状況において立てた計画が、正しいとは限りません。

**理想と現実のギャップによって生じる混乱や摩擦、無駄を解消し物事を前進させるのが、本来のプロジェクト進行なのです。**

たとえば、組織内で売上目標の達成といったような、共通の目標や目的となる理想を掲げたとします。しかし、現実は人や部門ごとに異なる動機や利害をもっているものです。

それぞれは自分の役割を一生懸命に果たしているつもりでも、組織全体としては力が統合されず、むしろ逆に打ち消し合ってしまうこともあります。

そこで、的確にプロジェクトを進行させることができると、個々人の力を方向づけられ、結束力が高まり、不要な摩擦を解消することができます。

## ▶ より少ない労力で、より大きな成果を得る

このとき、どこにどう働きかけるかを見誤ってしまうと、いくら作業に取り組んだとしても、またいくら時間があっても期待した成果を上げることはできません。

将棋用語に「手順前後」という言葉があります。指すべき手の順序を間違ってしまうことで、戦局に大きな影響を及ぼすことを意味します。これは、プロジェクトも同じです。

手順ひとつを変えることで、1の労力で100の結果になることもあれば、100の労力で1の結果になることもあります。時には、マイナスになることさえあります。

うまくプロジェクト進行ができると、**最小限のコストや労力で最大の成果を出し、理想と現実のギャップを迅速に埋める**ことができます。

## ▶ 集団作業における混乱を鎮める

筆者がある IT 企業に勤めていたころの話です。その企業は情報や意見が個別のグループに閉じてしまっていたことが原因で、新たな機能の開発が滞ってしまう状況に悩まされていました。

1年や2年もかけて開発・リリースした機能が、蓋を開けたら不具合だらけで、顧客からクレームの嵐を受けてしまうありさまでした。

そこで筆者は空中戦になりがちな開発方針の決め方を変えることで、全体の流れを整理した経験があります。まず、個別に蓄積された要望やアイデア、溜まったタスクをすべてリストアップしました。次に、重要な役割を担う幹部全員で、開発の優先順位を議論し、一つひとつの案件を精査していったのです。

地道な活動を経て混乱を鎮めた結果、個々人のやるべき仕事が明確になり、チームとしての結束が生まれました。そして、お客様に喜ばれる新機能が短期間でリリースできるようになりました。

このように、プロジェクト進行の技術を用いると、人員を入れ替えるのではなく、**手順を変えるだけで集団作業における混乱を鎮める**ことができるようになります。

> **POINT**
>
> 個々人の力を方向づけ、物事の急所をおさえる

# 3 解決すべき真の課題を見極める

## 🚩 映画「ジュラシック・パーク」に見るプロジェクトの本質

　世の中はさまざまなプロジェクトに満ちていますが、本当に解決すべきことにフォーカスできているプロジェクトはそのうちどのくらいあるでしょうか？　**正解のない中で真に必要なことを発見するのがプロジェクトの本質**ともいえます。

　これを象徴的に表している映画のワンシーンがあります。太古の昔に絶滅した恐竜を最先端の生命科学・技術によって復活させる物語「ジュラシック・パーク」（1993）です。

　この映画の中では、電子制御されたツアー用の自動車と高圧電線が破壊され、動物園のように管理できると思っていた恐竜たちが、コントロール不能となる場面があります。

　ここで、とっさに発煙筒に手を伸ばし、恐竜の注意をそらそうとする主人公に注目します。当たり前だと思っていた前提が覆った瞬間、生き延びるために危機的状況を脱する最善手を見いだす。発想力と実行力が求められる局面です。

## ⚑ いまある資源で最大の効果が得られるように導く

「恐竜の気をそらしてその場を離れる」「他の人を見捨てて自分だけ逃げる」「自分を犠牲にして隣にいる子どもたちだけでも守る」など、採用すべき行動は、考えようと思えばいくつでも考えられます。その状況では、あれがないからこれができないなどといってはいられません。

いまある資源で最大の効果を得るために、解決すべき真の課題を見極めることもプロジェクト進行の技術です。

## ⚑ 真の勝利条件を発見することがプロジェクト成功への唯一の道

さまざまな矛盾した要求、不足する資源、施策の結果の予測不可能性。こうしたものに囲まれる中で、「どうなったらプロジェクトが成功だといえるか?」という判断基準を適切に表現することはとても大切です。チャレンジも必要ですが、現実味が欠けてしまうと最初の一歩が踏み出せません。欲をかきすぎても足をすくわれます。

プロジェクトの成功は、理想と現実、冷静と情熱の間にあります。その真の姿が見えたときこそ、どんな課題をどのように解決すればよいかを見通すことができるのです。

「未知なものは何か」「有効な資源はどれか」「結局自分たちはどうなりたいか」といったことを正しく問うことが、プロジェクトの遂行における本質的な問題です。

そして、次の2つの条件を得ることで勝利への道が描けます。

・実現することが現実的に可能である
・関係者全員にとって実現することに意味がある

そのために、所与の条件から利用可能な資源を見いだし、組み合わせる。実施した施策から素早く学び、全体像を更新する。状況を適切に捉え、解決への道筋を発見するためには、プロジェクト進行の技術を身につけ、磨き続けていく必要があるのです。

> **POINT**
>
> いまある資源で最大の効果を得る方法を見いだす

## 4 そもそもプロジェクトとは何か

**⚑ IT 開発や新規事業だけが「プロジェクト」とは限らない**

これまで見てきたように、プロジェクト進行は現代ビジネスパーソンの基礎スキルといえるもので、理想と現実のギャップを埋め、解決すべき真の課題を見極められることができる大きな力を秘めています。

では、そもそもプロジェクトとは何でしょうか。

一般的には IT 開発や新規事業などをイメージしますが、本書でいうプロジェクトはそれらにとどまりません。

**どんな活動でも必ず、対象に働きかけると結果が生じます。**

対象に働きかける過程と結果の間にある関係性があらかじめわかっていて、その効果も想定できるものは、本書で考察する対象ではありません。

なぜなら、こうしたものはすでにどこかに正解があるはずなので、その正解を探すだけでよいからです。わざわざプロジェクトを興すほどではありません。

## プロジェクトの定義

　本書におけるプロジェクトの定義は、「やってみる前に、何をしたらどんな結果が得られるかが、わからない活動」とします。

　つまり、取り組みにおける過程と結果の関係性が当事者にとって、明らかになっていないことです。

　その仕事が「プロジェクト」なのか「ルーティンワーク」なのかは、当事者が十分な知識をもっているかどうかによります。

　世の中にはさまざまな事業や職業、サービスがあります。その道のエキスパートや専門家にとってはルーティンワークであっても、素人がやろうとすると困難なプロジェクトであることも多いものです。

　恋愛や結婚、出産といったようなライフイベントは、長い人類の歴史で数え切れないほどの人が試行錯誤を繰り返していますが、初めて体験する当事者にとっては未知の世界。

　「人類から見たらルーティンワーク」でも、「本人にとっては一大プロジェクト」になるわけです。

## 世の中至るところにプロジェクトがある

　そう考えると、世のプロジェクトはその未知の状況によって分類できます。

　① 事例が存在せず、前人未到で誰も正解がわからない（宇宙開発など）
　② 成功事例はあるが、そのメカニズムが不明である（新規事業など）
　③ 事例もメカニズムも既知だが、当事者にとっては初めてのこと（結婚式など）
　④ 何度もやっていることだが、相手が違うと毎回違う展開となる（手術など）

　① や ② はいかにもプロジェクトといった感じで難しそうですが、そうとも限りません。ある程度期待値が定まっていて、成果への責任が明確な ③ や ④ のようなプロジェクトを取りまとめる方が、かえって難しいときも多いのです。

---

**POINT**

世の中ですでに行われていても
当事者にとって初めてなら、それは立派なプロジェクト

# 「コブラ効果」にご用心！

　イギリス人がインドを植民地化した頃、彼らはインドの街中にコブラが出ることに頭を悩ませていました。そこで、イギリス人の知事は現地の住民に対して「コブラを駆除し、届け出たら報酬を出す」と告知しました。すると、何が起きたでしょうか？

　現地の住民は、コブラを繁殖させてしまったのでした。住民はコブラが嫌いではないので、駆除して届け出るよりも、繁殖させて届け出ることにメリットを感じたのです。

　知事はあわてて政策を撤回しましたが、住民は手元のコブラを街に放ってしまいました。その結果、街中のコブラを減らそうとしたにもかかわらず、逆にコブラが増えてしまいました。

　住民の価値観や文化に無知だったために、「こうしよう」と考えて実施した施策が、その逆の効果をもたらしてしまったのです。これを「コブラ効果」とよびます。

「残業を減らそうとしたけれど、逆に増えてしまった」
「モチベーションアップをさせようと決起集会を開いたが、人が集まらなかった」
「信頼回復のため徹夜をしたが、ミスが増えてしまい、逆に信頼を失った」

　みなさんが取り組むプロジェクトにおいても、似たようなことがたくさん起きてはいないでしょうか？

　「自分が対象について、わかっていないかもしれない」可能性を常に考慮することで、コブラ効果を予防したり、起きたとしても被害を最小限に抑えることができるようになります。

# 2章

## プロジェクト進行の
## 基本をおさえる

基礎編

プロジェクト進行の技術が身につく本

本章では、どんなプロジェクトにも共通するプロジェクト進行の基本を、序盤・中盤・終盤におけるポイントに絞って解説します。

# 1 プロジェクト進行の全体像

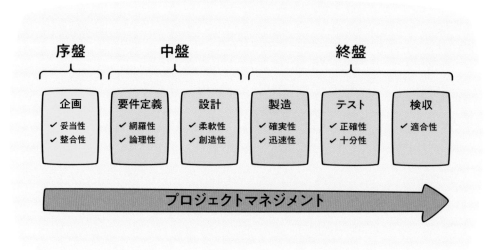

## 常識として押さえておきたい基本形

どんなプロジェクトであっても、進め方の基本形があります。それは、**企画、要件定義、設計、製造、テスト、検収、という流れ**です。

新しいプロジェクトに着手する前には「こんな課題がある」「こうなりたい」「こんなものをつくりたい」といったさまざまな要望、要求、目的があります。また、目的達成のために活用できる資源や制約もあります。こうしたことを考え、整理することが「企画」です。

次に、企画を実現するために、実際につくるものの機能やあり方を定めることが「要件定義」です。要件定義は、「なりたい姿」と「それをどうやって実現するのか」をつなぐ、プロジェクトにおける重要な工程です。

続いて、実際の寸法や構造、仕組みなどを決める「設計」、設計に従って成果物を具現化する「製造」へと進みます。そうしてできたものを「テスト」して当初の狙いと合致するかを確認します。これに合格し、完成品として認められることを「検収」とよびます。

以上の用語は、製造業や IT 業界用語風の言葉が使われていて耳慣れないかもしれませんが、どんなプロジェクトにも適用できる概念です。

## 🚩 ウォーターフォール型のプロジェクト進行

この流れに従って計画を立て、成果物や作業を定義し、スケジュールを組む進め方がウォーターフォールとよばれる方法です。上流から中流、下流へと水が一方向に流れるさまから名づけられました。

しかし実際には、前の工程に不備があったことが次の工程で発覚し、手戻りすることはよく起こります。

進行してみて初めて、隠れていた要求や制約条件、不足していた情報に気づくのがプロジェクトの難しいところです。

## 🚩 アジャイル型のプロジェクト進行

そこで、あらかじめすべてを計画するのではなく、要件や技術的なハードルが事前に確定できないときに、設計と製造など一部の工程については、課題を発見しながら探索的に実行しましょう、という考え方があります。アジャイルとよばれる進め方です。

とても有効な考え方ですが、これを誤解しておおもとの企画や実現したい内容を固めずに自由に進行し、混乱が増してしまうケースがときどき見受けられます。

アジャイルには、自由に思いついたことは即実行するイメージがありますが、決してそんなことはありません。

すべてを計画ありきで、計画通りに進めることが不可能なために、部分的に探索的な進め方を取り入れたとしても、全体としては基本形に従って進行していくことには変わりありません。

関係者同士の間で、計画のどの部分は守りたくて、どこは柔軟にしてもよいかの認識が合っていると混乱が生じにくくなります。

POINT

全体は計画的に進め、部分は試行錯誤的に進めるとよい

# 2 未知のものは何かを考える

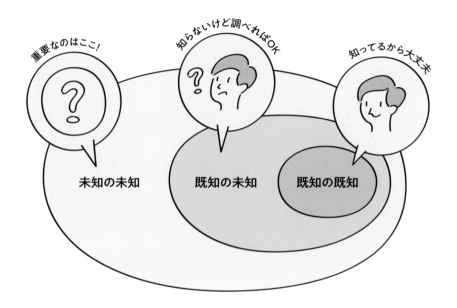

## 🚩 何が既知で、何が未知なのか

　プロジェクトの序盤は、着手する人の知識が最も不足しているため、最も難しい局面だといえるでしょう。

　ここで意識するとよいのが「未知の未知」という言葉です。米国で国防長官を務めたドナルド・ラムズフェルド氏が記者会見で発し、広く知られるようになりました。

　既知の既知：自分が知っていることを知っている

　既知の未知：自分が知らないことを知っている

　未知の未知：自分が知らないことすら知らない

**プロジェクトを立ち上げるときは「既知の未知」に着目しがちです。**「知らないけれど調べたら成功できるだろう」と普通は考えます。

　しかし最も注意しなければならないのは、「未知の未知」なのです。思ってもみなかった

外部要因をきっかけに、考えていた計画やシナリオの前提が崩れ去り、大幅な見直しを迫られることがよくあります。

## ⚑ 予定通り進まない原因は「未知の未知」にある

プロジェクトが予定通りに進まないのは、「未知の未知」が計画に影響を与えるからです。やってみた施策が、思っていたことと違う結果につながる。その結果が、次の局面の制約条件になる。一つひとつはささいなことに見えても、それらが重なって、予定のはるか手前で滞留を余儀なくされる。

プロジェクトとは有限な知識で未知の対象に働きかける行為です。成果も進め方も、着手する前は頭の中に漠然としか存在せず、具体化をする過程で、計画にそぐわない現実が次々と判明していくものです。ここに、プロジェクト進行を阻害する原因があります。

## ⚑ 自分にとって未知なるものは何か

初心者とは「何がわからないかが、わからない」ものです。事前にもっている漠然としたイメージで、無意識的に考えていたことが障害を生み出し、摩擦となって遅延や迷走のもとになっていきます。

それを解消するためには、まず**「自分にとって未知なるものは何か？」を明らかにしなければなりません。**

一緒に働く人のスキルや経験、動機や価値観についてよく知らないままでは、いざ物事が始まったら、期待していたことと異なる行動を目にすることでしょう。夢のような新技術だと思って採用したものが、蓋を開けてみたらまったく使えないことが明らかになることも日常茶飯事です。

自分にとって都合よく考えているもの、無意識的に自分本位で筋書き通りの展開を狙っていること。そんなところに落とし穴が隠れています。

序盤においては、そんな落とし穴が「あるかもしれない」と意識するのが有効です。

POINT

「未知の未知」の探索こそが最大の危険予知になる

# 3 テーマに適した進め方を選ぶ

## 🏴 状況を正確に把握する

　取り組むべき課題はどのようなもので、それに携わる人々はどのような状態にあるのか。そのことを把握したうえで、それに**適した運営方法を選ぶことは、「未知の未知」を知ること**に加えてプロジェクトの序盤でおさえるべき重要なポイントです。

　不確定要素が少ない状況であるにもかかわらず、不必要にアジャイル風の進行方法を取り入れてしまったがために、かえってプロジェクトが進めにくくなる、なんてこともあります。

　また、プロジェクトメンバーの間で取り組むべき内容がまだしっかり腹落ちしていなくて、心構えもできていない状態で、ウォーターフォール型のガチガチのプロジェクト計画を立ててしまい、うまくかみ合わずに計画倒れになってしまうこともあります。

## 🏴 テーマ、粒度、規模、具体性に応じた進め方がある

　このように、プロジェクトのテーマとその運営方法のミスマッチは、メンバー間の意思疎

通の障害になってしまいます。

　一般的に、つくろうとしているものの規模が小さく、類似の経験が多く、具体的であればあるほど設計の難易度が低く、当初計画した通りの成果を生みやすくなります。逆に、規模が大きく、抽象的になればなるほど、不確実性が高まります。

　取り組むべき対象の規模が、小さいのか大きいのか。具体的か抽象的か。こうしたことも、運営方法を考えるうえでは大切です。

## ⚑ 成功事例と失敗事例から教訓を引き出す

　プロジェクトが難航したり失敗したりしてしまうのは、人間関係、マネジメントが原因になることがほとんどです。プロジェクトのスコープやビジョン、ゴールの認識を合わせているつもりでも、実は同床異夢の中にいて、気づかぬうちにすれ違ってしまうことがあります。

　そうならないためには、プロジェクト全体の流れの中でどこを計画通りに進め、どこを探索的・即興的に進めるかを決める必要があります。

　これは「進め方の設計」といえます。進め方の設計が、実際に達成しようとしている目的や状況に適しているかどうかを評価するためには、類似の先行事例をよく調査するのが有効です。

　ものづくりの世界では「現場」「現物」「現人（げんにん）」の３つの「現」をおさえよう、といわれています。一次情報にふれることができるのであれば、それが一番です。とくに、成功体験と失敗体験の両方を知っている人の話を聞くことをおすすめします。

　それが難しければ、過去のプロジェクトに関する文書や文献から学ぶ方法もあります。しかし、生兵法（なまびょうほう）は大怪我のもとです。

　自分の見たいもの、信じたいものだけを見つけて恣意的に応用してしまっては、かえって失敗を招いてしまうこともあります。

　有効な考え方を身につけるためには、そこに記述されている知識や教訓の応用できる点について、とくに慎重に考えなければなりません。

POINT

どんなプロジェクトにも似た前例はあるので、定跡をおさえるのが大事

# 4 言葉の認識を合わせる

## 🚩 隠れていた認識のズレが出てくる

プロジェクトの序盤では、個別の行動や施策が最終的な成果物に対して与える影響が少ないため、交わされる言葉の理解や認識がずれていたとしても、気づきにくく、問題が表出することはあまりありません。

**言葉の認識のズレに気づき始めるのは、プロジェクトの中盤にさしかかって、いざ具体的なものづくりが始まったころです。**具体的な中間成果物をつくろうとしたら、急に関係者の間でコミュニケーションが取りづらくなって、大きな問題に発展してしまうのがありがちなパターンです。

筆者自身も、具体的なものが見え始める段階で発生する互いの違和感をいかに解消するか、に苦心しています。

これは、ある程度仕方ない面もあります。たとえば、プロジェクトの序盤で計画を立てるときに「ここからここまでの3か月で、要件定義を完了させましょう」と話すとします。

その中で「要件定義フェーズでは何をやるべきか」「事前の準備事項は何か」「どのような
アウトプットが得られるべきか」を語り尽くしたいところですが、議論の空中戦はどうして
も避けられません。

## 言葉の意味合いが共有できていることが大事

そんな問題を解決するためには、使われる言葉の定義をピンからキリまで定義・共有し、
その通りに厳格に使えばよいと思うかもしれません。しかし、現実的ではありません。

分類や定義も大事ですが、「それはアジャイルだ」「それはアジャイルじゃない」といった
論争をしても仕方がありません。言葉が正しいからといって仕事が進むわけでもありませ
ん。

私たちは、ただ、プロジェクトを前に進めたいだけなのです。

極論してしまえば、その人たちが実際に進めている方法と、一般的に定義されている名称
がずれていたって構いません。**プロジェクトを実行する人同士が、その言葉について互いに
同じイメージを共有していて、意味合いが一致していることが大切**なのです。

## 言葉の認識を合わせる方法

関係者の間での言葉の認識を合わせるために気をつけるとよいのは、次の2点です。

① 相手から伝えられた内容についての自分の認識が、相手の意図した通りかを確認する
② 自分から相手に伝えた内容が、自分の意図した通りに伝わったかを確認する

つまり、**「必ずどこかに誤解があるはずだ」と考えてコミュニケーションをとる**ことです。

相手の言葉を自分なりにかみくだき、いい換えて、伝え直す。具体化したり、絵や図にし
たりして見せてみる。意思疎通のズレは、起きて当然だと考える。どこでズレが起きている
かに気を配る。

そうした配慮が、最終的には物事がスムーズに進む近道になります。

---

**POINT**

言葉のすり合わせは面倒だが、後に生じるより大きな面倒を省ける

中盤のポイント2

# 5 要件定義を成功させる

## 🚩 要件定義は難しい

「内部に空間があって、複数人が居住でき、外部環境の変動から守ってくれる建築物を想像してください」といわれたら、どのようなものをイメージしますか？

図のように、**まったく同じ言葉であっても、人によって別のものをイメージすることは十分ありえます。**

そもそも、人間が使う言葉自体があいまいで多義的なものです。また、自分が深く知らないものについて誰かに依頼をするとき、知らず知らずのうちに矛盾した内容を考え出し、伝えてしまうことがしばしばあります。

「たとえばこんなイメージで……」と伝えた情報が、かえって相手に混乱を与えてしまうこともあります。それは、悪意や無能によるものでは決してありません。

むしろ、**さまざまな情報を整理し、分析しようとする親切心が、かえってあだとなってしまうこともあるのです。**

プロジェクトの中盤となる要件定義では、このズレが致命的な影響を及ぼします。

## ⚑ 要件定義を乗り切る３つの方法

矛盾や不明なことが多い要件定義の工程において大切なのは、次の３つです。

### ① 整理・整頓

「要望」をそのまま受け取らず、「要求」に落とし込むようにします。何がマスト（must）で何がウォント（want）なのか。最終的にどのような状態になりたいのか。枝葉を削ぎ落とし、本質を捉えていく整理・整頓が第一のステップです。

### ② 具体化

実際にプロジェクトに着手する前の段階では「こんなものをつくりたい」という成果物のイメージがあります。しかしそれは頭の中に漠然とあるだけで、具現化していく過程で意外とあいまいだったことに気づくものです。実際に着手するコストがかけにくいときでも、イラストを描いたりモックアップをつくったりと、可能な限り予行演習をすることで、後々のズレを防止することができます。

### ③ 死角を探る

「相手が本当に望んでいるのはこれではないだろうか」「実は他にも隠れた要望があるのではないか」と類推することも有効です。過去の類似した事例などをもとに、多角的に検討することで、死角をなくしていきましょう。

## ⚑ 手戻りを恐れず、根気よく取り組む

SF 映画やアニメのように、関係者同士の脳みそを有線接続して頭の中にあるイメージをそのまま交換できればよいのですが、現実問題としてそうはいきません。**要件定義で発生したミスは、その後への影響が大きくなるので、根気よく、手間を惜しまずに進めることが大切です。**

| POINT |
| --- |
| 要件定義では手間を惜しまない |

# メンバー全員がチームの全体像を考える

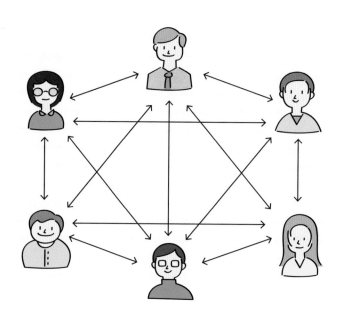

## 🚩 終盤の最良のコンディションとは

序盤から中盤にかけてのさまざまな理想と現実のギャップを経て、いよいよ結果を出すのが終盤です。

いかに過程がすばらしくても、最後の最後には成果物を生み出さなければ、そのプロジェクトを発足した意味がありません。

しかし、多くの矛盾、積み残した不確定要素、先送りしてきた課題がある中、終盤でもなお、メンバーの体力・気力がともに十分な状況は少ないものです。

課題に取り組めば取り組むほど新たな課題が出るような状態では、士気が上がらず息切れしてしまいます。だからこそ、終盤では力強い方向づけが必要です。

「やればやるほど成果が目に見えてゴールに近づく」状態こそが、終盤をスムーズに進めるための最良のコンディションです。

## ◤ よくある「バッドチーム」のつくられ方

　ゴール、作業、役割を明確にして、スケジュールに落として実行計画に基づき管理と統制を粛々と進めていくのが、一般的なプロジェクトマネジメントの進め方です。

　理屈上はその通りなのですが、こうした進行がともすると士気の上がりにくい状態にチームを導いてしまうことがあります。なぜなら、プロジェクト進行の責任者（プロジェクトマネージャー）がスーパーマンのようにすべてを見通していて、適宜最善の指示を出し、それを引き受ける側も責任をもって完璧に働くことを前提としているからです。しかし、実際はこうはいきません。

　また、プロジェクトの全体について考えるのがプロジェクトマネージャーだけで、他のメンバーは自分のことばかり考えている状況になりがちです。

　計画通りにいかないプロジェクトの終盤で、**メンバーが自分のことばかり考え、全体像を捉えそこなっている状況だと、互いに責任を押し付け合ったり、ミスがミスをよび込んでしまったりするデスマーチ（死の行進）を生み出してしまいかねません。**

## ◤ 目指すべき「グッドチーム」の状態

　理想とすべきは、たとえ一部分だけを担うメンバーであっても、プロジェクトの全体について考えることができていて、互いに共通の認識をもてている状態です。

　**プロジェクトの終盤は、それまでに積み残してきた矛盾が具体的に目の前に現れる段階です。**それに対処するスピードも問われます。

　特定のメンバーに課題が集中してボトルネックとなってしまうと、終わるものも終わりません。自律分散型の組織で、発生する課題を現場の最前線で解決できるのが理想です。

　「この課題をどうしますか？」というメンバーの声に「ごめんね、ちょっと待ってて」と答えるのではなく、「この課題をこんなふうに解決しておきました」と報告され、「さすが、ありがとう！」という以心伝心のチームワークが生まれていれば、プロジェクトの成功は目前でしょう。

> **POINT**
>
> 終盤は成果が成果をよぶ状態を目指す

# 7 プロジェクトの真のゴールを理解する

## 🚩 プロジェクトの成功とは何か

　どんなプロジェクトでも、終盤になっていざ蓋を開けてみたら、当初の想定と異なる現実に直面することがあります。現実との関わりをもつ中で、状況は絶えず変化しているからです。

　ですから、**プロジェクトの成功とは、最初に描いた通りの物事を実現することではありません。**

　社会を見渡すと、プロジェクト当初に描いた青写真にこだわりすぎて、それが実現しない現実とのギャップを埋められず、炎上に炎上を重ねてしまうことが多いですが、それではいけません。

　プロジェクトとは、「自分たちが本当にやりたいこととは、何なのだろうか」と探求する過程そのものだ、ともいえます。

## プロジェクトは更新し続けることが大切

「Xという状態を目指して、AとBとCを実行する」。新しい物事を始めるときは、誰だってこのような単純な図式を最初に思い浮かべます。ですが、ここから始まる戦いがプロジェクトです。

① AとBとCをやってみた結果、Cは不要で、代わりにDとEが必要なことがわかった
② 最初からやり直したいが、コストと時間が足りない
③ 考え直したところ、XでなくYを実現すれば用が足りると判明した

ここで起きているのは、「X＝A＋B＋C」から「Y＝A＋B＋D＋E」への更新です。
プロジェクトの進行に長けた人は、例外なく「更新」のためのアイデアを発想したり、それを関係者同士に伝えたりするコミュニケーションを得意としています。

## 上手に更新するために、絶対にぶれない軸をもつ

なぜプロジェクトを立ち上げるのかといえば、いまここにはまだ存在しない価値や成果を実現させたいからです。

あらかじめもっている部分的な知識だけでは、最初からすべてを見渡した完璧なプランを立てることはできません。

まず考え、実行し、結果を解釈して、次の一手をまた実行する。その繰り返しの中で、本当のテーマにたどり着くのがプロジェクトです。

つまり、プロジェクトにおける成功とは、「理想と現実の間を往復することで、本当にやりたかったことは何かを発見し、その姿にたどり着くこと」です。

ただし、「臨機応変」と「なりゆき任せ」には歴然とした違いがあります。後者であってはいけませんし、「思いつき」「口からでまかせ」「出たとこ勝負」などもってのほかです。

そうならないために、必要なのはただ一つ。

「本当に得たい価値とは、一体何なのだろうか？」を問い続けることです。

> **POINT**
>
> 現想と現実の間を行き来し、「本当にやりたかったこと」を発見する

## それらしい資料が一番危険

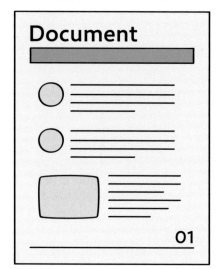

プロジェクト進行において、このような経験はないでしょうか。

- あれもこれも実現できる夢のような提案を受けて期待のもとに企画を OK したが、単に無責任な人だった
- 体裁がよい資料に「ちゃんとしている」と信頼を置いたが、実はコピー＆ペーストで、作成者はちゃんと意味を理解していなかった
- 窓口担当者としっかり話し合ったが、実作業者は別の人だったので十分に意思が伝わらなかった
- 引き継ぎで前任者の資料を流用できると期待していたが、ゼロからつくり直しになった

　WBS（→3‐6節）に限らず、企画書やマイルストーン定義など、誰かがつくった成果物を鵜呑みにする。人に託した仕事が期待した通りに完遂されなくて、自分が後始末をする羽目になる。そんな痛い目を見た経験は、筆者にもたくさんあります。

　一般的に、都合のよい情報が目の前に飛び込んできたときは、つい信じたくなるのが人情です。しかし、そもそも必要な検討事項が考慮されていなかったり、裏切られたりすることは少なくありません。

　プロジェクト立案段階では不確定要素を抱え込まないよう、又聞きした話を鵜呑みにするのではなく、きちんと一次情報にあたって裏を取り、検証する姿勢をもちましょう。

# 3章
## プロジェクト進行における
## 6つの落とし穴

基礎編

プロジェクト進行の技術が身につく本

2章でおさえたプロジェクト進行の基本通りに進めようとして
も、そうは簡単にいかないのがプロジェクトです。

本章ではプロジェクト進行の実践において、筆者が何度も経験
してきたよくある落とし穴と、その回避策をお伝えします。

**1** 落とし穴1
やればやるほど、うまくいかない

**2** 落とし穴2
ヒーローはいらない

**3** 落とし穴3
スケジュールは常に「絶対」とは限らない

**4** 落とし穴4
キックオフミーティングは顔合わせではない

**5** 落とし穴5
定例会議は進捗確認の場ではない

**6** 落とし穴6
工程表は「正しい」とは限らない

# 1 やればやるほど、うまくいかない

## ▶ プロジェクト進行管理をやればやるほど、進行しなくなる？

　プロジェクト進行は、スケジュール管理、日程調整、資料手配、会議の司会、議事録の整理、課題管理、意思決定プロセスの運用といった、プロジェクトを管理する活動のことだと思われています。

　これらは確かにとても重要な活動ですが、**うまくいっていないプロジェクトほど、こうした管理のための管理といえる活動を一生懸命やりがちです。ここに落とし穴があります。**

- ・プロジェクトがうまくいかない
- ・遅延対策が必要
- ・日程調整や資料作成が増える
- ・時間が足りなくなる
- ・プロジェクトがもっとうまくいかなくなる

こうした負のスパイラルは、その典型例です。

プロジェクト進行のあるべき姿とは、「それをやればやるほどプロジェクトが前に進み、うまくいく」状態であるはずです。

## 🚩 たまたまうまくいくときもあるが……

プロジェクトがうまくいっているときは、そうした活動は最小限で十分に意思疎通が図れるものです。

筆者はさまざまな業種・業態のプロジェクト進行の責任者と話をしますが、多くの人が自然とうまくいったプロジェクト経験が「ある」と答えてくれます。

しかし同時に、それは意図的に仕掛けたことではなく、自然発生的にチームワークが形成されただけで、いつもはそううまくはいかない実感ももっているようです。

## 🚩 手段ありきではなく、課題ありきで発想しよう

宇宙開発のような、未知の度合いがあまりに大きいプロジェクトは別ですが、たいていのプロジェクトは着手する前には、「どこが難しいのか想像がつかない」「何がわかっていないかをわかっていない」状態からスタートします。

ともするとそれは「うまくいって当然」「できてない自分は努力や能力が足りない」と考えてしまいがちなものです。

「プロジェクト進行を真面目にやればプロジェクトが進むはず」という思い込みは無用であるばかりか、危険でもあります。

手順通りに万事遺漏なく進めるのは大切ですが、**「手段の目的化」には注意しなければなりません。**

いま取り組んでいる活動は、どのような課題を解決するためにやっているのか。これを意識するだけで、「やればやるほど、うまくいかない」落とし穴にはまる確率を大きく減らすことができます。

POINT

対症療法ではなく、解くべき課題の本質を見極める

## 2 落とし穴2 ヒーローはいらない

### 🚩 苦労しないとヒーローになれない!?

プロジェクトが炎上してしまった際、火消しに走り回って奮闘する姿が「がんばっている」「よくやっている」と評価されることがあります。

もちろん課題解決のために力を尽くすのは大切ですし、我が身を惜しまずチームに貢献するのは尊いことです。

しかし無意識のうちに、あえてそのような状況に喜びを見いだしてしまう困った心理状況になることがあります。

また、急なトラブル対応や徹夜、残業はときに、自己顕示欲や達成感を満たしてくれます。

「自分がいないと現場が回らない」「やっぱり自分の力が必要なんだ」といったことを感じたいがために、**困難な状況を内心嬉しく思うことは、ヒーロー症候群**とよばれています。

どんなに難しいプロジェクトでもトラブルなく無事に終わったら、なんとなく周囲の人

は「当たり前」とか「そんなに難しいものではなかった」といった印象が残るものです。

　筆者自身の体験としても、「いろんな工夫をして、トラブルを未然に防いでうまく進めたプロジェクト」よりも「不注意のせいでミスがあったけど、がんばって挽回したプロジェクト」の方が評価されたり、感謝されたりします。改めて考えると、なかなか不思議なものです。

## 🚩 自ら書類仕事の山に分け入ってしまう

　プロジェクト進行の責任者（プロジェクトマネージャー）は、その規模が大きくなればなるほど、「企画書」「実行計画書」「議事録」など、関係する人々への説明、説得、調整のための資料を山ほど作成しなければなりません。

　ただし、山ほど作成したものが本当に読まれたり、活用されたりするかというと微妙なところです。トラブルさえなければ、二度と見られない書類もたくさんあります。とはいえ、どの資料が後々大事になるかはわかりません。

「とにかく決めた通りに書いておくんだ」「残しておくんだ」「書くこと自体が正義なのだ」と、**プロジェクトマネージャー＝ひたすら書類をつくる人、のような状況になってしまう**こともあります。

## 🚩 本当に有効な行動は何か

　戦争論の古典である『孫子兵法』では「真の智者はさも当たり前のように難しい戦いを勝つので、他人は何が難しかったのかすらわからない」と指摘をしています。大切なのは、表面に見える現象ではなく、その過程に思いをはせる想像力なのです。

　目の前でやろうとしていることは個人的な達成感を満たすためではなく、プロジェクト進行において本当に必要で意味のあることなのか。

　**自分への執着から離れて、プロジェクトの状況を客観的に捉えることが大切です。**

---

> **POINT**
>
> 忙しさは正義ではない

# 3 スケジュールは常に「絶対」とは限らない

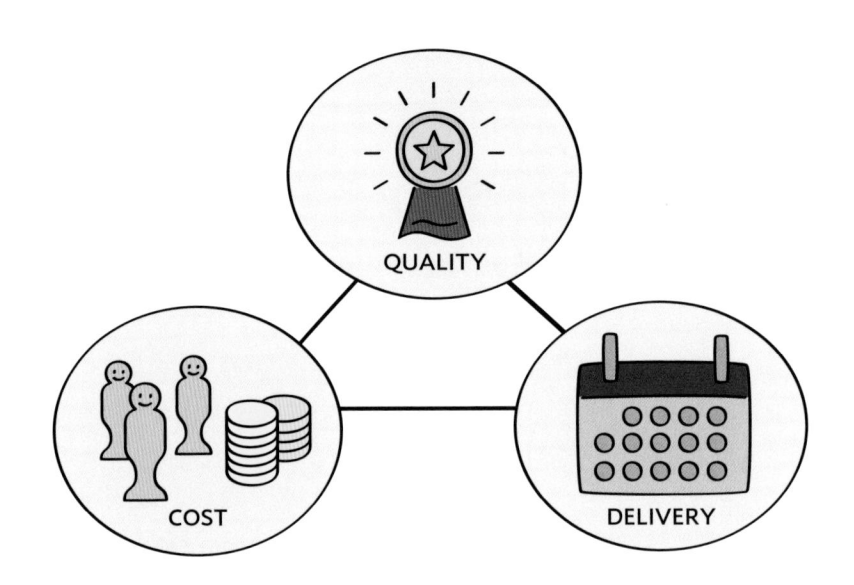

### 🚩 スケジュールを守ることがプロジェクトの成功ではない

　「プロジェクトはスケジュール通りやらなければならない」と思われている方をよくお見かけします。しかし、これは大きな誤解です。

　そもそもやるべきことが何かが見えていないのに、日程だけを守ろうとしてうまくいかない状況はプロジェクトが失敗するよくあるパターンです。

　以前、失敗に終わってしまったプロジェクトに再チャレンジするためのプロジェクトでご支援させていただいたときの話です。

　進め方の方針についてお客様と相談していたところ、「次こそは成功させるために、スケジュールを遵守させたい」といわれました。

　筆者からは「むしろ前回失敗したのは、盲目的にとにかくスケジュールだけを守ろうとしすぎたせいだったのではないでしょうか」とお伝えしたところ、なるほどと思ってくださったのでした。

## ⚑「何を」「いくらで」「いつまでに」の優先順位は、フェーズによって変わる

品質管理の概念に QCD という言葉があります。それぞれ次の言葉の頭文字をとったものです。

- ・Quality ＝品質：何を
- ・Cost ＝費用：いくらで
- ・Delivery ＝納期：いつまでに

どんな仕事であっても、QCD の三要素を全部満たすことは不可能です。ですので、**三要素にどのような優先順位を与え、バランスをとるかがプロジェクトの成否を分けます**。品質を最優先するために十分な費用と納期をとることもあれば、納期を重視するために当面の実現範囲を限定することもあります。

ここで重要なことは、どれだけ納期に間に合うとしても、必要な機能や価値が提供されなかったり、費用に釣り合わないものであったりしたら、そのプロジェクトは成立しないということです。

まずは何をやるか（Q）、次にいくらで（C）できるのかをおさえることが大前提で、いつまでに（D）やるかをコントロールするのはその後の話です。

## ⚑ 優先順位を関係者同士で合意することができると、成功確率が高まる

もちろん、最初から特定の事情によって、スケジュールが最優先のプロジェクトもあるでしょう。その場合は「何を」や「いくらで」を調整せざるをえません。そこを直視できずに、やりたいことを詰めすぎたり、コストを調整したりすることができず、結局スケジュールが間に合わないのもよくある失敗例です。

いま、自分たちが優先すべきことを明確にすることで、「何をやらないか」が関係者の間で合意できるようになります。それがプロジェクトを前に進めるための推進力を生み出します。

> **POINT**
>
> 「いま一番優先すべきことは何か」を常に考える

# 4 キックオフミーティングは顔合わせではない

## 🚩 こんなキックオフミーティングには要注意！

　プロジェクトを開始するときに、関係者同士が集まって打ち合わせをすることをキックオフミーティング（以下キックオフ）とよびます。**うまくいかないプロジェクトは、キックオフ自体の内容がぼんやりとしていることが多いもの**です。

　キックオフが以下に挙げるような特徴を備えていたら、そのプロジェクトは要注意です。

- ・ほとんどの時間が参加者の自己紹介に費やされる
- ・重要な意思決定を担うキーマンが受け身の姿勢になっている
- ・全体的に緊張感がなく、質問が出ない

　重要な意思決定の役割を担うキーマンが「きっと何か問題は発生するのだろうけれど、誰かがなんとかしてくれるのだろう」「細かいことはプロジェクトマネージャーに仕切ってもらえばよい」と思っていると、このようなキックオフになってしまいます。

そんな場合は、確実に「起きてからでは解決が難しい問題」に悩まされることになります。

## 🚩 キックオフでおさえておくべきこと

キックオフでおさえておくべきことは次の3点です。

① これからどのような手順で仕事を進める予定かを確認する
② それぞれの参加者が自分の役割を明確に認識する
③ 想定外のことが発生した場合の対処法の認識を合わせておく

プロジェクトで発生する想定外のトラブルとは、着手する前に問題意識が及んでいなくて、互いの責任範囲や具体的なアクションを明確にしていないことによって発生することが多いものです。

**のちのち悔やまれることのほとんどは「あのとき事前に話しておけばよかった」と思うこと**です。気づいてしまえば簡単なことなのに、気づく前には想像もつかなかった。そんな話でつまずくと、後悔と徒労感に襲われます。そうしたことを避けるためには、危険予知を心がけ、不測の事態に即応できる心の準備が必要です。

## 🚩 理想のキックオフとは

プロジェクトのスタートを気持ちよく切るためには、**キックオフの準備段階で、すでにキックオフで話されるべき内容が話されている状態を心がける**とよいでしょう。そんなことをしたらキックオフの本番で話すことがなくなるじゃないか、と思うかもしれませんが、そんなことはありません。

未知のプロジェクトにおいては、「ここまで考え抜いておけば大丈夫」はありません。他人事、よそ事だと思うと油断が生まれます。QCD（→3-3節）に影響を与える人、中でも実行や意思決定に関わるキーマンは、キックオフに必ず参集すべきです。加えて、それらの人々の内面に、自分ごと感が十分醸成されるようにリードするのが肝要です。

> **POINT**
>
> 必ず発生する想定外の事態への想像を促す絶好の場とする

# 5 定例会議は進捗確認の場ではない

## ⚑ こんな定例会議には要注意！

　長期的なプロジェクトの場合、週に1回や隔週に1回など、定期的に関係者が集まってそのときの状況を確認したり、方針を話し合ったりすることがあります。そのような会議を定例会議とよびます。

　定例会議で、スケジュールにもとづいて関係者それぞれの仕事の完了状況だけを確認しているところをときどき目にします。しかしそれは、非常に危険な運営方法です。

　あらかじめ計画されたスケジュールは、既知の課題をいかに解決していくかを前提に組み立てられています。ですが、実際に**進行を阻害するのは、着手する前には見えていなかった未知の問題**です。

　既存の工程表ばかり眺めていても、未知の問題を発見したり、対処方法を考えたりすることはできません。

## ⚑ 定例会議のアジェンダは３つでいい

当初の計画と実際に進めたあとの現実の間に、ギャップが生じるのは当然のことです。そのギャップを補正するために、「課題を整理し、明確にする」「解決策を考え、選択肢として提示する」「説明する」「検討する」といった活動が必要になります。

しかしこれらの活動をすべて対面の会議でやっていたら、いくら時間があっても足りません。**対面で話し合う時間は「意思決定し、合意し、決断する」ことにフォーカスされなければなりません。**

定例会議とは、参加者の現状認識を合わせたうえで、次に何を狙いとしてどのようなアクションを取るかを合意する場なのです。定例会議のアジェンダは次の３つとなります。

① 計画と現実のギャップがどこにあるのかを明確にする
② 課題をあぶり出し優先順位を決める
③ 次のアクションを決める

もちろん、具体的な個別の説明資料はいくつも必要になるかもしれませんが、その骨格はシンプルなのです。

## ⚑ 会議と会議の「あいだの時間」が大切

定例会議をコンパクトかつ実効性のあるものにするためには、**会議と会議の「あいだの時間」が大事**です。つまり、会議をしなくてもいいぐらいに課題を解決しておくのです。

そんなことをしたら、会議をする必要がなくなるじゃないかって？　はい、理想はその通り。実質的な作業が進まない会議の時間は、本質的には無駄な時間です。

しかし実際は、対面でしっかり意思を確認し合わなければならない場をなくすのは難しいもの。

現実的にベストなのは、定例会議での討議事項が「全員が集まらないと意思決定できないものだけ」になることです。

POINT

一番大事な話だけができるように段取りをする

落とし穴6

# 工程表は「正しい」とは限らない

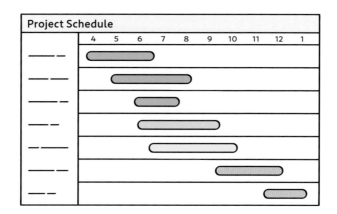

## 🚩 よくある失敗プロジェクトの話

　WBS（Work Breakdown Structure）というものがあります。**最終的に獲得したい成果物を構成要素ごとに分解して、一つひとつの作業レベルに落とし込み、それらの関係性を構造的に表現したもの**のことです。

　プロジェクトを進めるうえでWBSをつくることは必須ですが、「ひとり歩き」の弊害にはよく気をつけなければなりません。

　たとえば、IT開発プロジェクトにおいて営業担当者が商談の際につくった提案資料に「仮のイメージ」として書いたWBSを、顧客は正しいと信じてしまうことがあります。実際に開発を担うエンジニアはおかしいと思ったとしても、「決まったことだから」とそのWBSに従ってしまう傾向にあります。

　すると、着手してから現実との矛盾が表出し、その結果、炎上してしまう……なんていう失敗談は実にたくさんあります。

## ⚑ こんな WBS には要注意！

　類似した実績の多いプロジェクトならいざしらず、**関係者全員にとって未知の度合いが高いプロジェクトにおいては、WBS はそもそも書くことすら難しい資料**です。

　しかし、何かしら書かれた資料があればそれらしく見えてしまい、資料を渡された方も思考停止してしまうことはよくあります。

　次のような特徴をもった WBS を見たら要注意です。

・関係者間で精査されておらず、誰か 1 人の一方的な観点で記述されている
・レビュー＆修正の時間が考慮されていないぎりぎりのスケジュールになっている
・バッファを設定してはいるものの、その根拠がない
・記述の粒度が粗く、具体的な開始条件や終了条件があいまいになっている

　とくに、誰か 1 人がつくった WBS は責任をもって吟味し、おかしいと感じた部分については忌憚なく「ちょっとこれ、おかしくないですか？」の一声を上げるべきでしょう。

## ⚑ WBS の功罪

　一般的には、プロジェクトマネジメントの手法として WBS が有効とされています。実質的に、唯一無二のツールといってもいいでしょう。

　しかし、ぶれや振れ幅が大きなプロジェクトの序盤や中盤ではかえって混乱のもとになることもあります。

　WBS は、将棋でいえば詰め将棋のようなもの。厳密に計画通りに進めることで、描いたゴールに至るための地図の役割を果たします。

　そのためには、**各工程についての開始条件と終了条件が明確に見えていることが必要**です。そして、それを絶対に守る意思と、守れる根拠が必要です。

　そうでない場合の「なんちゃって WBS」にふわっと乗っかるような進め方をしてしまうと、極めて危険です。

> **POINT**
>
> **各工程におけるインプットとアウトプットの関係性を明確にイメージする**

# プロジェクト進行を改善するための「セルフチェックシート」

## 序盤

- ☑ キックオフは自己紹介や進行の表面的な説明だけで終わっていないか
- ☑ 「未知の未知」を意識したプロジェクトの進め方が設計できているか
- ☑ 「どのような条件を満たせば成功か」の認識合わせができているか

## 中盤

- ☑ 中間成果物が各関係者のイメージとかけ離れていないか
- ☑ 使い慣れていない言葉を、互いに都合のよい解釈で使っていないか
- ☑ 課題を先送りしすぎていないか

## 終盤

- ☑ 課題の収束が次の成果につながる状態になっているか
- ☑ 表出した矛盾やギャップに対する意思決定の基準が関係者間でそろっているか
- ☑ 「本当にやりたかったことは、これだ」が見えているか

# プロジェクト全体を通して

- ☑ 「いまいるフェーズはどこか」の認識が、関係者同士で合っているか
- ☑ 当初考えた「進め方の設計」通りに進行できているか
- ☑ 伝達のミスを想定して、二重三重に意思疎通のミスを防ぐ心構えや、仕組みができているか

# 4章

## プロジェクト進行に
## 最適なツール「プ譜」

基礎編

プロジェクト進行の技術が身につく本

2章ではプロジェクト進行の理想的な基本形を、3章ではプロジェクト進行の現実的な課題をお伝えしました。

本章ではそれらを踏まえたうえで、プロジェクトを前進させるための具体的なツールについて解説します。

# 1 プロジェクト進行に最適な表現方法とは

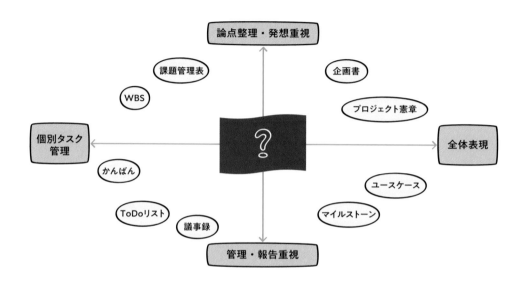

## 🚩 煩雑なプロジェクトの情報を管理するのは面倒

プロジェクト進行の難しさは、プロジェクトのいまある状態を表現し、共有し、思考することの煩雑さである、といい換えることができます。

理想のプロジェクト進行を実践するためには、時々刻々と変化していく複雑な情報をうまく管理しなければいけません。

当然ながら、それに適したツールが必要です。通常は、企画書やマイルストーン定義、WBSや議事録など、プロジェクトのゴールや状態の変化を表現するために、さまざまなツールを使います。しかし、いろいろ試してみても「なかなかうまくいかない」方が多いのではないでしょうか。

これらの表現方法の最大の課題は、更新管理が面倒なことです。何十枚ものパワーポイントやワード資料、何百行ものエクセルシートらを一度つくったらおしまいではなく、変更が生じると何度も「更新しては管理・共有」を繰り返さなければなりません。

そうこうしているうちに、「何が目的で何が手段であったのか?」「本質的に解決すべき課題は何だったか?」というように全体と細部の関係性が不明瞭になってしまいます。

## ⚑ 管理は少ない方がいい

このような背景から、プロジェクト進行の優れた専門ツールが数多く開発され、提供されています。

そのツールを使えば難なく意思疎通できるようになればよいのですが、**どうしてもツールの使い方を学ばなければならない場合があります。**

また、運用方法についてメンバー同士の意識合わせや目線合わせが必要になります。これに失敗すると、ツールは入れたけど結局うまく活用されなくなってしまいます。

## ⚑ 誰でも読めて、誰でも書けるツールが理想

個別のツールを使いこなすことが目的ではありません。大切なのは、**さまざまな形で表現されるプロジェクトの構成要素同士の関係性を明瞭に把握すること**です。そのためには、次のようなメリットを備えていることが理想です。

・更新管理が面倒でない
・誰でも読めて、誰でも書ける
・いつ、誰が、何のために、何をするべきか、の認識がそろう
・時々刻々と変化する状況がもたらす想定外の結果に対して、その記録が残せる
・その結果を受けて、何をどのように考え直したかが表現できる

つまり、2章で解説した「プロジェクト進行の基本」がしっかりおさえられて、なおかつ3章で紹介した「プロジェクト進行における落とし穴」を回避できればよいのです。

部分的には個別の目的に特化したツールも必要になりますが、本書ではその中核となる実践的なツール「プ譜」を紹介します。

> **POINT**
>
> 更新が面倒でなく、誰でも読めて、誰でも書ける表現が理想的

「プ譜」

| 廟算八要素 | 施策 |
|---|---|
| ● 人材 | 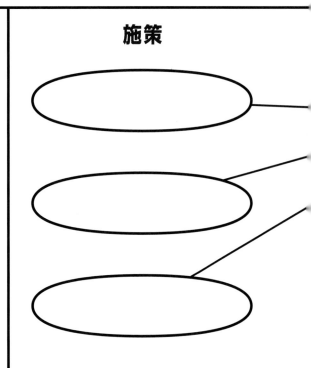 |
| ● 予算 | |
| ● 納期／リードタイム | |
| ● クオリティ | |
| ● ビジネスモデル | |
| ● 環境 | |
| ● 競合 | |
| ● 外敵 | |

プ譜

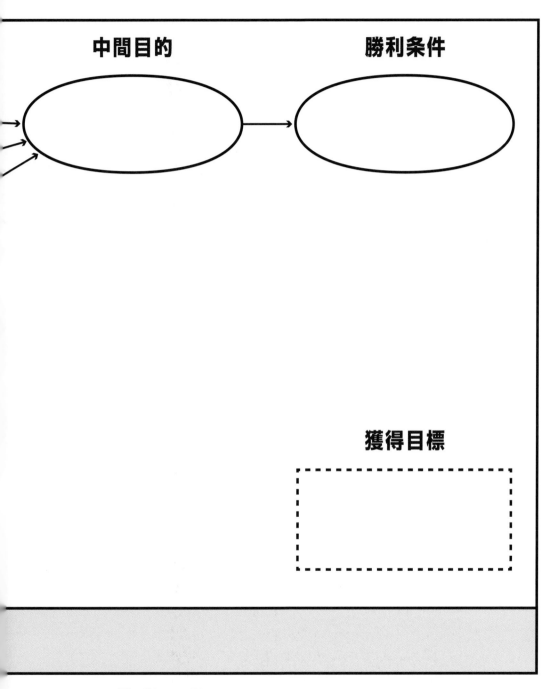

## 2　プロジェクトのツボが 簡単におさえられるツール「プ譜」

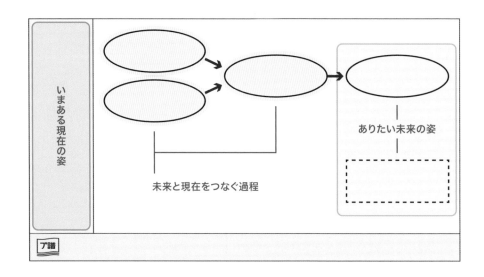

### ⚑ あらゆるプロジェクトに共通する構造を表現できる

　音楽家が用いる楽譜や、棋士が対局の内容を記録する棋譜にちなんで、筆者らはプロジェクト進行を表現するツールを「プロジェクト譜」、通称「プ譜」と名付けました。

　プ譜は、**あらゆるプロジェクトが必ずもっている共通の構造をシンプルに表現する方法**です。具体的には、次の3つの状況を表すことができます。

　① ありたい未来の姿
　② いまある現在の姿
　③ 未来と現在をつなぐ過程

　プロジェクトマネジメントにくわしい人からすると、WBSに似たようなものに見えるかもしれませんが、プ譜はまったく異なるものです。WBSは成果物とそれを生み出す過程について、明確かつ厳密に定義しなければなりません。

一方プ譜は、ある時点における「ありたい未来の姿」「いまある現在の姿」「未来と現在をつなぐ過程」を表しています。つまり、**頭の中にある因果関係について、「いまはこう考えていますよ」**という仮説を表現するためのものなのです。

## 🏴 プロジェクトの手段と目的の位置づけを明確にする

プ譜の各要素については、5章で解説します。プ譜の大きなポイントは、プロジェクトを成し遂げた結果の「ありたい未来の姿」を表現するところです。

すでにプロジェクトを進行させている状況だとしても、どうなりたいのかが明確であれば、それを実現するために適した別の手段が見つかった際に従来の手段に固執してしまうことがなくなります。

手段と目的の位置づけをはっきりさせることで、手段がいつの間にか目的化してしまう事態を避けることができるのです。

プロジェクトを表現する際は、タスクや作業のレベルに意識が向きがちになったり、自分たちに都合のよい有利な情報だけを念頭に置いて現状認識をしてしまったりしがちです。

しかし、プ譜では「ありたい未来の姿」を俯瞰したうえで、**手段と目的の辻褄が合っているか、見落としがないかをチェックしていくことがきる**ので、地に足のついたプロジェクトの未来を描くことができます。

## 🏴 つかみどころがないプロジェクトの「ツボ」をおさえる

プロジェクトをプ譜で表現する一番の理由は、**複雑な情報をシンプルに捉えるため**です。プロジェクトの骨格が浮かび上がり、より本質的な視点をもつことができます。

たった1枚の表現で全体と部分の関係性が把握できるからこそ、絶対に変えたくない、変えられない本筋がどこにあるのか、起きた状況に合わせてどこを柔軟かつ即興的に対応していくのか。プ譜がもつ3つの特徴（→4-3～4-5節）によって、つかみどころがないプロジェクトの「ツボ」をおさえることができるのです。

---

**POINT**

「未来」「現在」「未来と現在をつなぐ過程」の仮説を表現する

# 3 常に変化するプロジェクトの全体像を シンプルに表現できる

## 🚩 プロジェクトの本質を射抜く構造化された表現

プ譜の特徴の筆頭として挙げられるのが、**プロジェクトの全体像が時々刻々と変化していく様子をシンプルに表現できる**ことです。

どんなプロジェクトでも、開始する前の計画の段階で企画書や概念図、ラフイメージなど、さまざまな文書を作成します。規模が大きいと書類の量も多くなってしまうので、読み通すのも一苦労です。

そんな膨大な資料は、ときに「無理解」や「勘違い」を生み出します。

一方、プ譜は考えている内容を極力シンプルに構造化し、表現する方法です。それにより、次の2つの効用が生まれます。

効用1：過去の情報を再利用できるようになる

効用2：未来を先取りできるようになる

## 効用１：過去の情報を再利用できるようになる

成功事例であれ失敗事例であれ、紆余曲折があった結果の最後の姿だけを見ても、それが起きた本質的な理由にたどり着くことはできません。

何を狙いとしたのか、そのためにどうしたのか、起きた結果をいかに解釈し学習したか、あるいはしなかったのか、といった細かい経緯は、長い文書やたくさんの図解、映像で表現しないとうまく伝わりません。仮にこのような表現にしても、一つの主観的な視点で追いかけ、構成されることになります。

プ譜は、全体状況を俯瞰し時系列で書けるため、客観的かつ解釈が多様な知識表現となります。過去の情報といま直面している状況との共通点を探り出し、それをうまく当てはめることによって目の前の課題解決に役立つ知識となります。

## 効用２：未来を先取りできるようになる

もう一つの効用は、未来に起こることを先取りして考えられることです。

たとえば、中間的な成果物に「設計書」が必要だったとして、その言葉を一つ書いておいただけでは、どの程度の詳細な情報が記載された文書なのかはわかりません。

往々にして、「つくり手のイメージよりももっと高品質なものを相手が求めていた」なんてことが多いものです。

設計書なら設計書で、それをつくったらその結果が何につながるのか。他に並列されるべき要素は何か。プロジェクトを構成する要素同士の「関係性」を図示することで、その成果物がいかなる要件を備えているべきかの理解が図れます。

「何が起きるかわからない」プロジェクトにおける本質的な課題に対する最大の対策は、防御ではなく攻勢を取ることです。

未来が読みにくいからこそ、先に未来を起こしてみる。もちろん、シミュレーションそのものに時間もコストもかけてはいられません。

だからこそ、「紙１枚で誰でも読めて、誰でも書ける形式」に意味があります。

> **POINT**
>
> 過去のプロジェクトを振り返り、プロジェクトの未来を推測することができる

# 4 関係者間の「当たり前」を表現し、すり合わせられる

## 🏳 無意識だから難しい

　プ譜の特徴の2点目は、関係者間の頭の中にある「当たり前」をうまく表現し、すり合わせられることです。異なる経験や知識をもつ人同士が何かを進めるときに課題となるのが、「思考の当たり前」によるすれ違いです。

　**「当たり前」は「当たり前」なだけに、事前に言語化し危険予知することが極めて困難**です。ITプロジェクトが訴訟に至るニュースがときどき話題になりますが、十中八九、その原因はここにあります。発注者側の当たり前があれば、開発者側の当たり前もあります。互いに膨大な「未知の未知」（→2-2節）を抱えています。

　関係者が互いに善意と誠意のもとに進めても、頭の中にある当たり前を取り組むべき課題として取り出すのは、本当に難しいことです。

　プロジェクトを前に進めたいと思うときには、これがときに死活を分けるポイントになります。

## 🚩 当たり前思考の罠

以下に紹介するのは、ある番組の中で使われたナレーションです。

「まずは口元を目指し、右手がコップをリフトアップです。両目はしっかりと水の動きを捉えています。ゆっくりとコップを傾けていきます。口は？　まだ開かない。開かない。ここで開きました。そのまま、下唇の上にコップの縁を載せます。そして、唇の両端をキューっとコップにくっつけることで、水が端から漏れるのを防ぎます。唇の形をキープしたままで、顎を上げていきます……」

NHK教育テレビの「デザインあ」という番組で「コップから水を飲む」映像とともに語られました。このような単純なことでも、それを達成するための構成要素を極限まで細かく分解していくと、非常に複雑であることを表現した映像です。

一つひとつ筋肉を動かし、その行動の結果発生した状況を検知する。検知結果を受けて、次の行動を意思決定する。ただ単に水を飲む動作だけでも、実はこれだけ膨大な「無意識の当たり前」を秘めています。

こうした細かい構成要素を一言でまとめたものをチャンクといいますが、人間は階層的にチャンクを積み重ねることによって、非常に複雑な意図を実行できます。

しかし、「複雑なことをまとめて考える」機能がときにプロジェクトを進めづらくする要因になるのです。

## 🚩 実行する前に行き違いを発見できる

いざプロジェクトを立ち上げようとするとき、関係者の頭の中にもこの種の「当たり前」が潜んでいます。実際に物事を動かした結果、なんらかの事故が発生して初めてそれに気づくようでは、もう手遅れです。

そうなる前に、シミュレーションによって「当たり前」のズレを発見できるのがベストです。プ譜は「Aを通じてBをしたい」という、その人の頭の中にある因果関係を表現します。まずは書いてみて人に見てもらうことで、自分の「当たり前」が見えてきます。

> **POINT**
>
> それぞれの頭の中にある因果関係を可視化し、共有する

# 5 会議前・会議中・会議後の進行がスムーズになる

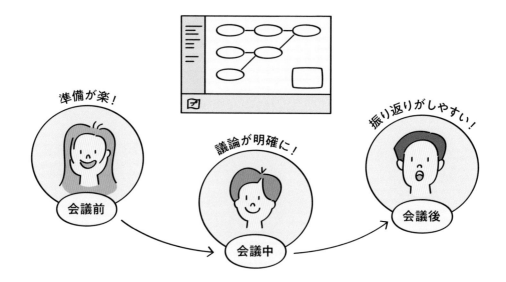

## 🚩 会議前に論点を整理する

　プ譜の特徴の3点目は、会議前の論点を整理し、会議中の議論の的を絞り、会議後のアクションを明確にできることです。

　自ら作成した資料であるにもかかわらず、いざ会議で発言を促されたときにうまく説明できないことがあります。会議で議論することが本来の目的ですが、その手段である資料作成が目的化してしまうことに大きな原因があります。

　そんなときは、会議前に状況が俯瞰できるプ譜を書いておくだけで、論点を自然と整理することができます。

## 🚩 会議中の主導権を握る

　時間をかけて準備したアジェンダや補足資料があるのにもかかわらず、ふとしたきっかけでキーマンが思いもよらない点に関心を寄せ、本当に話したいことに的を絞れなかったり、

本筋とは離れたところで質問され、議論の舵取りができなくなってしまったりした経験は、多くの方があると思います。

こうしたことへの対策は、**会議の冒頭で進めようとしている物事をまとめたプ譜を見せて、説明してしまうこと**です。そして、「今日一番話したいのがこの部分です」と宣言するのです。

その場に集まっている人の興味・関心が、会議の主催者の思惑と一致しているとは限りません。まずはこの宣言によって、いまから始まる会議時間を意味のあるものにできそうかどうかの見通しを立てることが可能です。

もちろん、フォーカスしたいポイントがずれたらずれたで構いません。なぜずれたのかを振り返ることも有意義ですし、大事なことはその場で話し合う焦点をどこに合わせるか、という認識の一致が生まれることだからです。

### 🏳 会議後の議事録や次のアクションの確認も楽になる

会議の目的は、**参加者それぞれが次に、何のために、何を実行すべきかを明確にすること**です。議事録はこうしたことを明確にするための書類ですが、一番簡単に済ませるならば、そもそも議事録をつくる必要はありません。

プ譜上にコメントを残して、みんなが見られる場所に置いておく。これだけで十分です。

このようにプ譜を使うと、会議の準備、進行、終了後の段取りがたった一つのツールで完結することになります。

これは「ヒーロー症候群」（→3-2節）を防ぐ利点もあります。プ譜を書くことで余計な仕事が生まれなくなり、プロジェクトの進行役も関係者も楽になります。

一緒に物事を進める相手と情報をうまく共有するために、まず自分の頭の中を整理し、それを的確に伝えて、議論した内容を反映し、これらの過程を紙1枚で表現する。

これがうまくできるようになるだけで、プロジェクトは格段に進めやすくなります。

> **POINT**
>
> 不要な作業を減らし、大切なことにフォーカスする

# 炎上を予防するために大切な心構え

　プロジェクトでは「取り組んでみたら、思っていたことと違っている」ことに気づくのは日常茶飯事です。大切なのは、発生したギャップに対して常に関係者が状況を理解し、あるべき道を探し、合意し直すことです。しかし、これがなかなか難しい。これに失敗すると、プロジェクトが炎上します。

　炎上とは、以下の条件を満たした状態と考えています。

　① 事前に取り決めていた納期やコストでプロジェクトが実現できる見通しが失われた

②新たに取り決めを交わしたいが、互いの不信や利害関係のため、合意形成できない

③結果、とりあえずやらねばならない作業が次々と発生し、止めることができず、終わらせることもできない

　これは複合的な要因によります。発注者と受注者のどちらか片方にミスがあったが、もとを正せば発注者が無茶な要望を出しすぎたせいだった、といったようにどちらか片方に非があるのではなく、どちらにも非があることが多いものです。

　もっといえば、誰にも非がないのに「どうしてこうなってしまったのか」という状況になってしまうこともあります。

　そうならないために、以下の3つの心構えをもつことが大切です。

・認識を正確にする
・作業を正確にする
・意思伝達を正確にする

　言葉の表面だけで理解したつもりにならないこと。伝聞に頼らず常に裏を取り、一次情報に接すること。チェックやレビューを面倒くさがらず、電話、メール、チャット、会議等の伝達経路を適切に選ぶこと。

　「社会人の心得3か条」のようですが、この基本を徹底することが、物事を着実に動かすことにつながるのです。

# 5章

# プ譜の構造をマスターする

実践編

プロジェクト進行の技術が身につく本

本章ではプロジェクト進行の技術を身につけるにあたっての基本となるプ譜の構造とその書き方を説明します。

## 1 プ譜の構成要素と書く順番

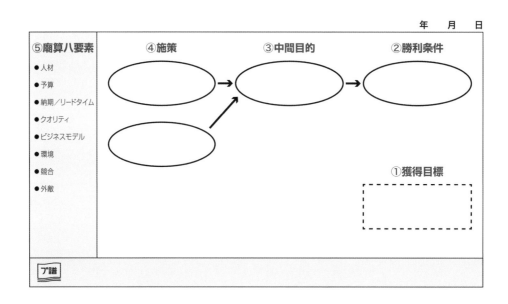

## ⚑ プ譜は未来と現在を描き、その間をつなぐもの

プ譜は、プロジェクトを進めるうえで「未来の姿」「現在の姿」「その間をつなぐ過程」の3つの状況を表すことができるツールであることをお伝えしました。プ譜に記述する要素は以下の5つです。

① 獲得目標　② 勝利条件　③ 中間目的　④ 施策　⑤ 廟算八要素

プ譜は、これらの要素間の関係性や、目標に向かうための道筋を1枚の紙にアウトプットすることで、プロジェクトの進め方の全体像が把握しやすくなります。

また、プ譜を1枚1枚スナップショットを撮るように更新し続けることで、プロジェクトの進行状況をわかりやすく記録・共有することができます。

## ⚑ プ譜を書く順番 ── こうなったら成功と思える状態から考える

プ譜は①～⑤の順番で書いていきます。

① 獲得目標：自分自身で決めたことや上司・クライアントから与えられた、プロジェクトの目標・ミッションを書きます。

② 勝利条件：「プロジェクトの獲得目標がどうなったら成功といえるか？」という判断基準・評価指標となる条件を書きます。

③ 中間目的：製品の機能やサービスの仕様、組織などが勝利条件を達成するための「あるべき状態」を書きます。一つの勝利条件に対して、複数の中間目的がありえます。

④ 施策：中間目的それぞれの「あるべき状態」を実現するための具体的な行動を書きます。一つの中間目的に対して、複数の施策がありえます。

　ここで ①〜④ で書き出したものを、矢印つきの線でつないでいきます。線でつなぐことで「この行動を取ればこの状態がつくれる」という辻褄が合っている状態（因果関係）を表していきます。

⑤ 廟算八要素：人材や予算、スケジュールといったプロジェクトを進めるための所与のリソースや条件を書きます。

　最後に、プ譜を書いた日付を右上など任意の見やすい場所に書きます（次ページ以降では日付の表記を割愛しています）

## ⚑ 所与のリソースから実現可能性を上げていく

　プ譜は獲得目標や勝利条件といった「ありたい姿」から逆算して具体的な行動を考えるため、理想的な状態・進め方が描かれます。

　しかし、これでは机上の空論になってしまいがちなので、現実的な廟算八要素をきちんと確認する必要があります。

　「プ譜に描いたことが自分たちにできるのか？」「不足しているなら何を調達しなければならないのか？」といったことを考えなければなりません。

　プ譜は、**理想の姿と所与の条件の間を行き来しながら、プロジェクトの進め方の全体像を明らかにし、実現可能性を上げていくのです。**

---

**POINT**

「こう進めれば成功しそうだ」と納得のできる道筋をプ譜で表現する

**2** # 獲得目標と勝利条件：
# どうなればプロジェクトは成功なのか

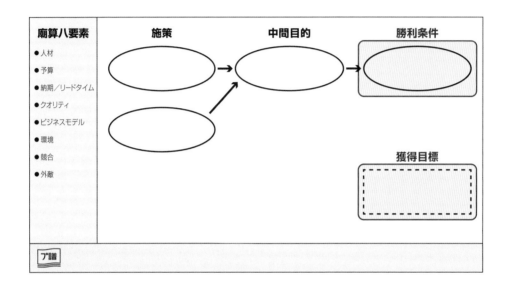

## ▶ 獲得目標と勝利条件の表現は異なる

　プロジェクトには必ず目標があります。これが「獲得目標」になります。その目標を成功させる方法・ルートは一つではなく、いくつか考えられます。これを考えるための核が「勝利条件」で、プ譜を書くうえで最も重要なところです。

　勝利条件は、プロジェクトの獲得目標が「どうなったら成功といえるか？」「目標が実現したといえるか？」の判断基準・評価指標になるものです。

　上司やクライアントから、「新規事業の売上を３年間で１億円にせよ」「住民と商店主が納得する地域活性計画をまとめよ」「新しい技術を使ったプロトタイプを開発せよ」といったプロジェクトの目標が与えられたとしましょう。

　ですが、それが「どのようになったら成功といえるのか？」「どのように道筋を定めて進めていくのか？」といったことまでを指示されることは稀でしょう。そのため、プロジェクトの進行役やマネージャーはまず、勝利条件を定めることから仕事が始まるのです。

## 🚩 勝利条件の設定の仕方

　たとえば「新規事業の売上を３年間で１億円にする」のが獲得目標なら、「その製品を使っているユーザーの業務時間が従来より30%減っている」が勝利条件の表現として考えられます。スマホアプリなら「通勤時間中に最も視聴されているアプリになっている」という勝利条件を設定することもできるでしょう。

　自分が「（この製品やサービスを通じて）ユーザーや世の中がこうなったらいいな」と思える理想的な状態を書いてみることです。ただし、**獲得目標は一つですが、勝利条件は複数ありえる**ので必ず一つの正解があるわけではありません。

　限られたリソースの中で、複数の勝利条件をすべて実行することは不可能です。そのため、**プロジェクトの関係者が合意できる勝利条件の表現を一つだけ選び取る**必要があります。

## 🚩 勝利条件の表現によってプランが変わる

　サッカーの試合を例に勝利条件を考えてみましょう。「試合に勝つ」ことが獲得目標なら、勝利条件は「1-0」で守り勝つことかもしれないし、「5-4」で攻め勝つことかもしれません。チームオーナーが「とにかく勝て」という目標を与えるなら、「どう勝てばクラブや選手にとって成功といえるか」を考えるのが監督の仕事です。

　勝利条件が最も重要な理由は、それをどう表現するかでプロジェクトの進め方が大きく変わるからです。「5-4」で勝つためには攻撃力に秀でた選手を、「1-0」で勝つなら守備力に長けた選手をそろえるかもしれません。

　守るといってもボールを相手に渡したままでは得点の可能性がなくなるため、ボールを相手ゴールに近い場所で奪うための作戦も必要です。どんな選手（人材）がチームにいるかによっても作戦は変わります。

　ただ、プロジェクトは未知で不確実なものです。最初に設定した勝利条件が必ず達成できるとは限りませんし、勝利条件の表現が適切ではない可能性もあります。そんな場合は、**勝利条件の変更すらありえる**ことを覚えておいてください。

---

**POINT**

勝利条件は一つに絞るが、表現が適切でなければ大胆に変更せよ

**3** 中間目的：
目標達成のあるべき状態とは何か

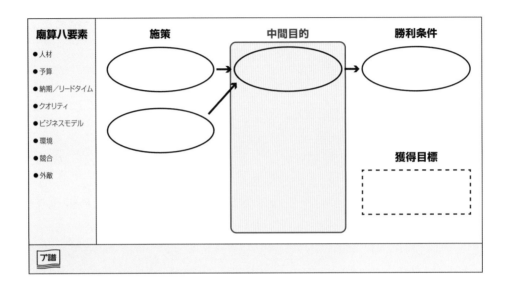

**廟算八要素**
- ●人材
- ●予算
- ●納期／リードタイム
- ●クオリティ
- ●ビジネスモデル
- ●環境
- ●競合
- ●外敵

施策　　　　　中間目的　　　　　勝利条件

獲得目標

プ譜

## 🚩 プロジェクトが進む「あるべき状態」をおさえる

　中間目的とは、設定した勝利条件を達成するためのあるべき状態のことです。ここをおさえれば、プロジェクトが進んでいくと思えるツボに当たります。

　目標達成に向けて「イベントをしよう」「機能を実装しよう」といきなり行動するのではなく、「イベントに来た参加者がどうなるべきか」「機能を使用したユーザーの業務がどうあるべきか」という状態を定義するのがポイントです。

　これは、目標に対する施策の有効性を評価・判断しやすくするためです。有効ではない施策を乱発することは、リソースと時間の無駄づかいになります。プロジェクトをうまく進めているプロジェクトマネージャーは、この「あるべき状態」をうまく設定しています。

　中間目的には提供する製品の機能やユーザビリティ、オペレーションのあり方やユーザーの心理状態なども該当します。プロジェクトマネジメントに携わる方ならなじみのあるCSF（主要成功要因）と読み換えてもらってもよいです。

## ▶「あるべき状態」の表現の仕方

中間目的は「○○になっている（べき）」「○○されている（べき）」「○○ができている（べき）」といった表現がふさわしいです。**「○○する」という動詞が中間目的になることはありません。**「○○する」は中間目的を実現するための具体的な「施策」で用いる表現です。

たとえば、社内の新規事業コンペに出ることになり、勝利条件を「プレゼンで審査員をアッと驚かせて納得させる」としたとします。このとき、中間目的は、審査員をアッと驚かせて納得させられそうな「プレゼン資料ができているべき」が適切な表現となります。ちなみに、施策は「企画書のつくり方を学ぶ」などが考えられます。

## ▶ 何をすべきかを吟味する

中間目的は定性的にも定量的にも表現できますが、定性的に表現したあとでその状態を明確な基準で測定することができるなら、定量的な表現を加えるとよいでしょう。

たとえば、勝利条件は「売上1億円」、中間目的は「新規客40%」「既存顧客60%」と数量で分けるとします。こう分けるとその先の施策も「新規のうち30%は広告からの問合せで獲得する」「残りの10%はテレアポで獲得する」と表現してしまいがちです。

でもこれでは具体的にどんな広告、どんなテレアポをすればよいかがわかりません。表現したいのは「新規客がどんな状態になったら40%（4,000万円）売れているか？」です。この状態が表現できれば、より具体的な施策のイメージがもてます。

また、未知なプロジェクトを進めるにあたり、中間目的はできるだけ多様である方が好ましいです。あるべき状態が一つしかなく、それが目標達成にふさわしくないと、その時点でプロジェクトが行き詰まってしまうからです。

問題をうまく解決できない人は、何かを「する」ことに時間の大半を費やしがちです。

一方、**問題をうまく解決できる人は、「何を」なすべきかの決定に大部分の時間を費やします。**中間目的はよりよい施策を実行するための要なので、ここには時間をかける価値があります。

> **POINT**
>
> あるべき状態は定性的に表現し、測定可能なら定量的な表現を加える

**4** ## 施策：プロジェクトを進めるための
## 具体的な行動・アクションとは何か

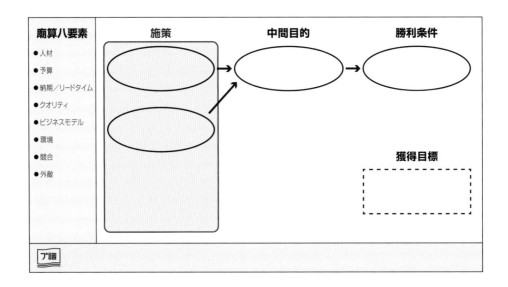

**廟算八要素**
- 人材
- 予算
- 納期／リードタイム
- クオリティ
- ビジネスモデル
- 環境
- 競合
- 外敵

施策　　　中間目的　　　勝利条件

獲得目標

プ譜

### 🚩 施策が動かなければ、プロジェクトは動かない

中間目的（あるべき状態）を実現するための具体的な行動・アクションが「施策」です。実際にプロジェクトがスタートするには、プ譜で定めた施策が確実に実行されなければなりません。

そのため、一つひとつの施策にそれを担当するメンバーを付けます。メンバーが個々に担当する施策を実行して初めて、仮説を検証することができるのです。

どの施策から始めるかを明確にするため、スペースに余裕があれば施策を書く欄には着手する日付を書いておきましょう。着手日が早い施策からスタートし、中間目的の実現を目指します。

施策は勝利条件や中間目的と違い、何をするかが具体的になっています。その分、実行する施策の上手なやり方や類似事例、その施策の実行をサポートする企業などがすでに世の中に存在します。

このようなことを調査・学習することは、施策を担当するメンバーの知識やスキルの獲得につながります。ぜひ、前向きかつ主体的に行動してください。

## 複数の中間目的につながる施策は重要度が高い

勝利条件を実現するための中間目的は多様である方がよいとお話ししましたが、施策にも同じことがいえます。中間目的を実現するための手段をできるだけ多く出すようにしてください。

施策をたくさん書き出していくと、どれから取り組めばいいかわからなくなることがあります。そんなときは、**複数の中間目的に線がつながっている施策に着目**してください。こうした施策はとりわけ重要度が高いので、優先的に取り組むようにしましょう。

また、多くの施策が出てきたとしてもそれらは可能性であって、予算やスケジュールの観点からすべての施策を実行できるとは限りません。

実行可能でかつ中間目的の実現に最も影響のありそうな施策から、優先して選ぶようにしましょう。

## 多すぎたり、細かすぎる施策はタスクリストやガントチャートで吸収

プ譜はプロジェクトの状況を1枚の紙に見える化して全体像を把握することを目的としているため、施策の数が多いとプ譜に書き切れないことがあります。

そんなときは、プロジェクトに必要な作業を一覧表にまとめたタスクリスト（ToDoリスト）や作業と作業に要する日数を棒グラフで表示したガントチャートなど、**プロジェクトメンバーが理解しやすい形式で別途まとめておくことをおすすめします。**

細かな手順が必要な施策は、作業内容や手順、注意点などを記載した作業手順書を用意しておいてもよいでしょう。

プ譜をGoogleスライドなどのオンラインツールでつくる場合は、個々の施策に作業手順書のファイルのリンクを張っておくと便利です。

> **POINT**
>
> 施策の優先順位をつけて、誰が、何をやるかを明確にする

# 廟算八要素：
# 現状のリソース・環境を確認する

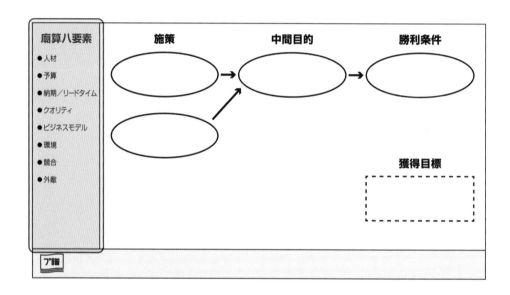

## 🚩 いまそろえられるさまざまなリソースを把握する

廟算八要素とは、プロジェクトの開始時に与えられているリソース、置かれている環境のことで、次の8つの項目があります。ちなみに、廟算とは古代中国で戦勝祈願を兼ねた祖先の墓前で行う作戦会議のことです。

### ①人材

プロジェクトの進行役やプロジェクトマネージャーを筆頭に、どのような知識やスキルをもった人材がいるかを書きます。

### ②予算

予算が与えられているなら予算を書きます。まだ与えられていなければ、プ譜を書いてみて勝利条件を達成するためにはいくら必要かを見積もって書きます。

### ③納期／リードタイム

　プロジェクトの納期、完成までに必要な時間を書きます。プロジェクトの完了まで長い期間を要し、1枚のプ譜で書き切れない場合は適切なところでフェーズを切り、そのフェーズ内でのスケジュールを定めます。こうした場合、フェーズごとに勝利条件が異なることがあります。

　たとえば、「新規事業の売上を3年で1億円にする」プロジェクトが1枚のプ譜で収まらなければ、製品開発フェーズと販売フェーズの2段階に分けて考えます。

### ④クオリティ

　他社に優位な要素技術や実装している機能（の優れた効果）、ユーザビリティ、ブランドや実績などを書きます。自分たちのこだわり、ユーザーに提供する品質基準など、幅広く捉えます。

### ⑤ビジネスモデル

　ビジネスモデルが必要なプロジェクトであれば、書きます。

### ⑥環境

　社内外の環境を書きます。社内の常識を覆しそうな革新的なプロジェクトを行うときは、保守的な組織文化かどうかを認識しておくのは重要です。

　社会の環境を把握しておくことも欠かせません。自然災害、世界情勢、人々の価値観などがプロジェクトにとって逆風になることもあれば、それを追い風にすることもできます。

### ⑦競合

　同じ資源や利益を奪い合う競合を書きます。それと戦うにせよ、戦わないにせよ、どのようなポジションを取るかを考えます。

### ⑧外敵

　「外敵」と表現していますが、プロジェクトを進めるにあたって障壁となりそうな身内や社内のドリームキラーも含めて書きます。プロジェクトの阻害要因になりそうな価値観など、心理的な要素も含まれます。

---

**POINT**

自分たちは何をもち、何が不足していて、どんな環境に
置かれているかを把握する

**6** ## プ譜の完成：
## 理想の状態と現実のリソースを行き来する

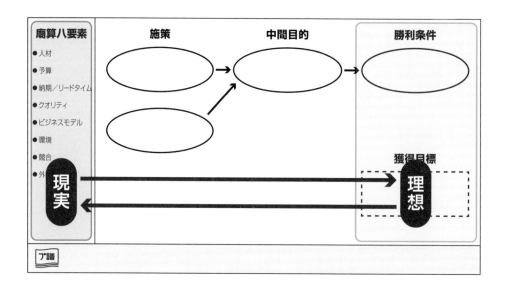

### ⚑ 理想のプランが本当に実行できるかをチェックする

　獲得目標→勝利条件→中間目的→施策の順で書いてきたプ譜の右側は、プロジェクトの理想の進め方が表現されています。理想ゆえに、いまの自分たちのチームでその進め方を実現できるのかを確認する必要があります。そこで、廟算八要素を見ます。

　**廟算八要素は理想のプランが実行可能かを測るための「資源」であり「制約」にもなります。**人材が足りなければ他部署からよんできたり、新たに採用したりすることになるかもしれません。採用する場合は、当初の予算配分を変更しなければなりません。

　すると、他の施策を実行するための予算への影響も出てきます。提供する製品・サービスのクオリティを担保するためのスキルが不足していれば、新しい技術と知識の習得も必要でしょう。

　このように、理想のプランと現実のリソースや環境を行き来しながら、プランを精緻化し、プロジェクトの実行可能性を上げていきます。これでひとまず、プ譜の完成です。

## ⚑ 制約はネガティブな意味ではない

「制約」という言葉に、「束縛」「自由を奪われる」といったネガティブなイメージをもつ方は多いと思います。しかし、プロジェクトを進めるうえではポジティブな意味もあります。

プロジェクトを進めるためのプランは勝利条件や中間目的の表現次第で変わることを、サッカーの試合を例に説明しました。一つのプ譜を書いたとしても、その他にいくつもの選択肢がありえます。

そうした選択肢を実現するためには、さらに多くの情報と手段を必要とします。それらを一つずつ検討し、実行しようとすれば、時間やお金がいくらあっても足りません。**自分たちのリソースや環境からできることを絞り込んでいくことで、検討しなくて済む情報や無理のある施策を捨てることができます。**

制約があるからこそ、リソースを目の前のプロジェクトに集中させることができるようになるのです。

## ⚑ 廟算八要素から書き始めない

廟算八要素がプロジェクトの制約になるのなら、「ここから書き始めればいいんじゃないの?」と思う方がいるかもしれません。しかし、廟算八要素から書き始めない理由があります。

やったことのないプロジェクトは、いまの人材(のスキルや培ってきた経験)や、いまの製品・サービスの機能では到達できない可能性があります。そのため、廟算八要素から書き始めると、「我々にはこれしかできない」「あれも足りないしこれも足りない。だからこのくらいのレベルにしておこう」と考えてしまいがちになります。

こうして書いたプランは、当初の挑戦的・野心的な要素が削がれてしまい、掲げた目標にはとても到達できません。

自分の思考や行動を萎縮させるのではなく、何かが足りなければ調達したり、別の方法を考えたり、工夫をしたりする。**制約を前向きに捉え、一度書いた中間目的や施策を見直すようにしてください。**

> **POINT**
>
> 自分たちが思い込んでいる
> 限界を超えるために「制約」を逆手に取る

**5章** プ譜の構造をマスターする

## 7 プ譜の更新：仮説・実行・振り返りの サイクルで第二局面以降を進める

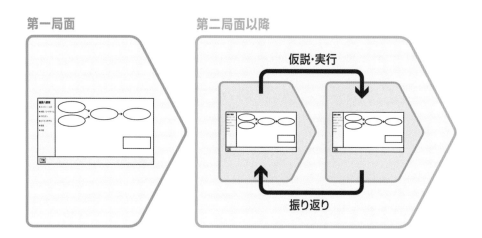

第一局面　　　　第二局面以降

仮説・実行

振り返り

### 🚩 プ譜を使う2つのフェーズ

　ここまで1枚のプ譜を一通り完成させる手順を説明してきました。しかし、プ譜は一度書いたら終わりではありません。プ譜をプロジェクトで使うにあたって、大きく2つのフェーズがあります。

　第一局面：プロジェクト開始前の「仮説立案・合意形成」フェーズ
　第二局面以降：プロジェクト開始後の「仮説検証・評価」フェーズ

　第一局面は、これからプロジェクトをどう進めていくかを考えているため、まだ何もつくっておらず、形がない「仮説立案・合意形成」フェーズです。この時点で獲得目標までの道筋を完璧に予見することは不可能です。

　そのため、ここで書くプ譜は途中でプラン変更もありえる暫定的な仮説と考えてください。

## プロジェクトチームの合意形成のための第一局面

とはいえ、プロジェクトチームで進め方のイメージが異なっていてはいけないため、第一局面のプ譜をつくりながら、チームメンバーと進め方についての合意形成を行っていきます。

プロジェクトの進め方のイメージが、プロジェクトに関わるメンバー間で最初から完全に一致していることはまずありません。勝利条件が異なるのはもちろんのこと、ある人がネガティブに捉えている要素を、別の人はポジティブに捉えていることもあります。

そこで、**まずは一人ひとりが自分の認識にもとづいてプ譜を書きます**。そして互いに共有することで、イメージの違いを知り、全員が腹落ちする勝利条件を設定できるようになります。次に中間目的以下の要素を書き出し、メンバー間の認識が一致したプ譜をつくり上げていきます。

## 第二局面以降は振り返りと意思決定のプロセスを記録する

プロジェクトチームで統一されたプ譜ができあがったら、施策を実行します。すると、事前にはわからなかった新たな情報、見込みとは違う製品のテスト結果、デモ機能を体験した見込客の反応など、思いも寄らなかった結果が得られます。

これらの出来事を「事象」としてプ譜に吹き出し形式で書き込んでいきます。このときの注意点は、第一局面のプ譜に上書きするのではなく、第一局面のプ譜をコピーしたものに新たに書き込むことです。これが第二局面のプ譜となります（→6-5節）。

「事象」の書き込みを見て、いまの仮説のまま進めてよいかを評価・意思決定するのが「仮説検証・評価」のフェーズです。平たくいうと「振り返り」です。アジャイル開発の現場では頻度の高い振り返りが行われていますが、多くのプロジェクトは納品後・プロジェクト終了後に振り返るか、そもそも振り返らないことも多いです。

プ譜の振り返りは、仮説→実行→振り返り→仮説→実行→振り返り……というサイクルで進め、そのプロセスを局面ごとに記録していきます。自分たちが道に迷ったときに、いつでも立ち戻れ、プ譜を書き換えながらプロジェクトの精度を上げていくことができるのです。

> **POINT**
>
> プロジェクトチームの合意形成と振り返りのタイミングでプ譜を書く

# 8 プ譜の運用： 誰が書き、まとめていくのか

## 📭 誰がプ譜を書けばよいか

プ譜を使う目的によって、プ譜を書く人は変わります。たとえば、プロジェクトの進行役やプロジェクトマネージャーが、自分のプロジェクトの進め方を整理するためだけに使うなら、自分自身で書けばよいでしょう。

しかし、プ譜をプロジェクトチームで共有し、プロジェクトの進行状況をプ譜に記録していこうとすると、プ譜を書き、更新し続ける業務が新たに発生します。

議事録を作成するように、プ譜に個々の施策の実施状況を書き込む作業に加え、実行した施策の結果を受けて、施策や中間目的の追加・変更・中止の意思決定をファシリテートする役割も発生します。

既存のプロジェクトメンバーであれば、プロジェクトの進行役やプロジェクトマネージャーに次ぐ地位にある人、あるいは会議でのファシリテーター役が担うとよいですが、**可能なら専任者を置くことをおすすめします。**

## ▶ プロジェクトエディターとは

　筆者はこの専任者のことを、プ譜を使ってプロジェクトを編集していく役割から「プロジェクトエディター」とよんでいます。「編集」には、すでにある物事や素材を集めて組み合わせたり割愛したりして、新しい価値を生み出す意味があります。

　単にプロジェクトの記録を取るだけなら、従来のような会議における議事録係で十分です。しかし、プ譜を使ってプロジェクトを進めることは、単なる記録作業にとどまりません。

　プ譜で記録したものを素材、機会として捉え、編集することで、適切な施策や現状を打破するような中間目的を創出する、各要素の辻褄が合っているかを確認する、多様な解釈を加えて意思決定を促す、といった仕事があります。

　プロジェクトエディターにはプロジェクトマネージャーと同等、あるいはそれ以上にプロジェクトの全体像を把握することも求められます。

　**一つひとつの作業に向き合っているメンバーはどうしても全体像に意識が向かず、局所最適な思考や行動に走りがちです。**

　そんなとき、プロジェクトエディターが全体の目標と個々の仕事の関係性をプ譜で指し示すことで、メンバーが自分の仕事の意義や他の要素への影響などを理解しやすくなります。そうしてメンバーそれぞれの考えや力を、共通の目標に結び付けていくのです。

## ▶ プロジェクトを編集せよ

　未知で不確実なプロジェクトはマニュアルをつくることができません。マニュアルはやったことがあって、こうすれば失敗しないことがわかって初めて書けるものだからです。

　プロジェクトに必要なものは、目標に向かって進むための仮説を描き、全体像をつかむことです。

　**客観的にプロジェクトを俯瞰し、自分たちが目標に対して「いまどこにいるか」をプロジェクトメンバーに指し示す。**そうした仕事は、「管理」よりも「編集」の方がしっくりきます。

---

**POINT**

**プロジェクトはマネジメント（管理）ではなく、編集するとうまくいく**

# こんな勝利条件は NG です

　プ譜をつくるワークショップを実施して、参加者が最もつまずくところが勝利条件の設定です。獲得目標に対して、「どのようになっていたら成功といえるのか？」を表現するのは、とても難しいことです。

　ここでは、実際にワークショップでの獲得目標と勝利条件の NG 例を参考に適切な勝利条件の書き方のコツを紹介します。

NG 例 1

　・獲得目標：自社のファンを増やす

・勝利条件：SNS のフォロワーを 1 万人にする

　ここで表現すべきは「どんなフォロワーが 1 万人ならいいのか？」です。フォロワーを増やすだけなら、広告やプレゼントキャンペーンなどで増やすことができます。

　たとえば「自分たちのブランドや事業に共感してくれるフォロワーを 1 万人にする」などフォロワーの質を考慮してもよいでしょう。

NG 例 2
　・獲得目標：売上目標達成
　・勝利条件：売上 5,000 万円

「どんな 5,000 万円」なら成功といえるでしょうか？　新規客と既存客の割合は？　プランが松竹梅とあったときのプランごとの割合は？　どんな属性の人々に購入してほしい？　といった質問を自分に投げかけてみて、できるだけ具体的に表現できるとよいでしょう。

　具体的に表現することは、必然的にプロジェクトの方向性を明確にし、進むルートを絞り込んでいきます。

　無限の時間とお金が与えられていれば、考えうるルートをすべてしらみつぶしに進むことができますが、現実はそうはいきません。

　一度、勝利条件を決めて進めてみてうまくいきそうになければ、獲得目標はそのままにして、勝利条件を変更しても構わないのです。

# 6章
## 実例から学ぶ
## プ譜の書き方のコツ

実践編

プロジェクト進行の技術が身につく本

プロジェクトを進めるうえで、プ譜の活用はよいことずくめのように見えます。でも「本当に機能するの？」と思われた方もいると思います。

本章では、プ譜は机上の空論ではなく実際のプロジェクト進行に「使える」ことを実例をもとに、プ譜の書き方のコツも交えて、解説していきます。

#  1 プロジェクトの概要：
## IoT カメラのプロトタイプ開発

### 🚩 プロジェクトの背景

　実例として取り上げるのは、筆者が現在開発中の IoT カメラのプロトタイプ開発プロジェクト「なんで？カメラ」です。

　子どもは3〜4歳頃から、さまざまな物事に対して「なんで？」と聞くようになります。筆者の娘も「なんで指は5本なのに、ピアノはドレミファソラシドまであるの？」といった「なんで？」をたくさん聞いてきました。

　筆者はこうした「なんで？」の視点をたいへん面白く感じたので、できるだけ集めたいと思い、「なんで？」と聞かれるたびにその対象をスマホで撮影し、自分にメールで送っていました。

　1年間で100以上のなんで？　が集まりましたが、筆者がそばにいない間ももっと多くの「なんで？」が発されているはずです。

　そこで、子どもが「なんで？」と感じたときに子ども自身が「なんで？」を撮影できるカ

メラをつくろうと思い立ったのです。

## ▌ プロジェクトの課題

しかし、カメラ開発の経験がないので、開発・製造にどのくらいの資金と期間がかかるのかもわかりません。

自分1人では知識や経験が不十分なプロジェクトには、チームで取り組む必要があります。

そこで、開発チームには、知人の出水宏治さん（富士通で金融向け機器の構造設計）をカメラの設計・デザイン担当として、日野圭さん（DMM.make AKIBA）を部材の調達・製造担当として招きました。

十分な予算はなく、使用できる工法や素材も限られています。また、それぞれ本業があるため頻繁に会うことは難しく、リモートで作業することになります。

出水・日野はものづくりのエキスパートですが、カメラ開発は初挑戦であることに加え、もそも3人で仕事をするのは今回が初めてです。

このように、**プロジェクトの企画と要件定義を行うには、未知なるものを明らかにし、全体像を把握する必要があります。**

## ▌ プ譜を書くことで得られるメリット

最初の打合せで、上記の制約のみならず、制作方法やカメラデザインのアイデアなどを話し合い、手帳にはびっしりとメモが書き込まれました。

一般的なプロジェクトであればこうしたメモを議事録にまとめていきますが、筆者はメモをプ譜に書き起こしました。

**書き起こしたプ譜はメンバーと共有し、用語や認識に齟齬がないかを確認します。**齟齬があればすぐに修正し、「この進め方で問題ない」と合意し、全員のイメージをそろえていくことができました。

> **POINT**
>
> プ譜を書いたらメンバーと共有し、認識に齟齬がないかを確認する

**2** **勝利条件は「やらないこと」を
明確にしてくれる**

| 廟算八要素 | 施策 | 中間目的 | 勝利条件 |
|---|---|---|---|
| ● 人材 | | | |
| ● 予算 | | | 日常生活で「なんで?」と感じたものをすぐ撮影し、撮ったらクラウドに飛ばして保存され、親がスマホで写真を閲覧し、子どもの興味関心について知るという体験をする |
| ● 納期／リードタイム | | | |
| ● クオリティ | | | |
| ● ビジネスモデル | | | |
| ● 環境 | | | **獲得目標** |
| ● 競合 | | | なんで? カメラのプロトタイプをつくる |
| ● 外敵 | | | |

プ譜

### 🏳 第一局面に最も注力せよ

　プ譜を書くフェーズには、プロジェクトを開始する前の「仮説立案・合意形成」フェーズと、プロジェクト開始後の「仮説検証・評価」フェーズがあります（→5-7節）。「仮説立案・合意形成」フェーズで書き上げるプ譜が、「第一局面」になります。

　プ譜を書くとき、最も労力を要するのが第一局面です。獲得目標に対して「どうなったら成功といえるか?」（勝利条件）を定め、そのためのあるべき状態（中間目的）と具体的なアクション（施策）を考え、所与のリソースや環境（廟算八要素）から、できることとできないことの取捨選択を行っていきます。

　まず、本プロジェクトの獲得目標は次のようにしました。

　「なんで?カメラのプロトタイプをつくる」

　目標を定めたら、勝利条件→中間目標→施策→廟算八要素の順に、第一局面を書きあげていきます。

## 🚩 勝利条件は獲得目標に対し、いろいろな表現ができる

　獲得目標に対し、勝利条件は多様に表現できます。たとえば「ユーザーの操作上のつまずきを発見する」と書くこともできれば、「子どもが説明書を読まなくてもすぐに使えるようになっている」と書くこともできます。

　**勝利条件にはそのプロジェクトを担当する人の経験、想い、感性、価値観などが色濃く反映されます。**一般的にプロジェクトは誰かから与えられることの方が多いですが、目標達成の具体的なプランまで与えられることは少ないです。それなら、与えられた目標を「自分はこうやって成功させたい」と勝利条件を設定した方が、主体的かつワクワクして取り組めるはずです。

　なお、勝利条件は最初は定性的に表現し、その数値が測定できるなら定量的な表現を付記することをおすすめします。

## 🚩 勝利条件を定めて、やらないことを決める

　本プロジェクトの勝利条件は、「日常生活で"なんで？"と感じたものをすぐ撮影し、撮ったらクラウドに飛ばして保存され、親がスマホで写真を閲覧し、子どもの興味関心について知るという体験をする」としました。１枚のプ譜で設定する勝利条件は原則一つですが、このように長い文章になっても構いません。

　「ちゃんと使われるか、売れるかわからないプロトタイプ」をつくるうえで、画素数やシャッタースピードなどのスペック追求や、フィルター加工などの機能を追加したくなることを「絶対にしない」と自他ともに意思表明する意図がありました。プロトタイプでは、最低限の体験ができていれば成功だと考えたのです。この表現により、重要ではない機能や仕様については、議論も実行もしなくて済むようになりました。

　多くの場合、プロジェクトのリソースは常に不足しています。**勝利条件を明確にすることで、やらないことを決める。**限られたリソースを本当に必要なことに集中させる。勝利条件にはこうした機能があります。

> **POINT**
>
> やらないことを決めて、限られたリソースを有効活用しよう

**3** 中間目的はプロジェクトの辻褄を
合わせてくれる

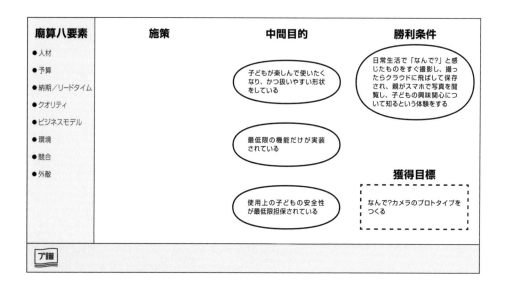

## ⚑ 中間目的は必ず「状態」を書く

　勝利条件が表現できたら、次は中間目的を設定します。中間目的は勝利条件を実現するための「あるべき状態」です。

　類似事例やノウハウがない場合、施策が本当に勝利条件に寄与するかは、やってみなければわかりません。

　やってみなければわからないものをすべて実行することはできないため、**確かな効果を上げる施策を絞り込むために、中間目的を設定することが重要**なのです。

　製品開発であれば、勝利条件を実現するために「製品の機能、ユーザービリティ、オペレーションがそれぞれどうあるべきか？」「製品を使っているユーザーの気持ちやユーザーの業務がどうあるべきか？」といったことを考えていきます。

　中間目的を書くときによく「○○する」と表現しているものを見かけますが、「○○する」は施策での表現なので気をつけましょう。

## 🏳 他者の経験・知恵を借りて、自分の漏れ・抜けに気づく

「なんで？カメラ」の開発を思い立った当初は、一般的なカメラの形状を考えていました。しかし、3人で話し合ったところ、「虫メガネ型のカメラがあってもいい」「子どもは大人の想定しないような使い方をする」といった既成概念にとらわれないアイデアや安全性への配慮に関する意見が出ました。

1人だけでなく複数人でプ譜をつくると、自分が見えていない視点、漏れている視点に気づくきっかけになります。

こうして、中間目的は以下の3つとしました。

・子どもが楽しんで使いたくなり、かつ扱いやすい形状をしている（べき）
・最低限の機能だけが実装されている（べき）
・使用上の子どもの安全性が最低限担保されている（べき）

## 🏳 中間目的同士の辻褄を合わせる

考えられる中間目的は、「操作性」「機能」「デザイン」「価格」「安全性」「使用する技術や素材」などいくつかありました。プロジェクトの第一局面では、成功の可能性を上げるために豊かな選択肢をもっておくことが大事ですが、それ以上に重要なのは複数の中間目的同士が、ちゃんと辻褄の合っている状態になっていることです。

たとえば、勝利条件を「販売価格を3,000円以下にする」としたとします。このとき、「使用する素材」を安く抑えることは重要な中間目的ですが、その結果「安全性」が落ちて、ユーザーに被害が出るようなことがあってはいけないのです。

中間目的同士の辻褄が合っていない状態、かつそれを誰も認識していないままプロジェクトを進めてしまうと、間違いなく途中で炎上・頓挫してしまいます。

中間目的を書いたら見直しをして、中間目的同士の辻褄がちゃんと合っているかを確認しましょう。

> **POINT**
>
> 中間目的同士の辻褄を合わせて、プロジェクトの失敗を防ごう

## 4 施策は実行できるものから実行する

| 廟算八要素 | 施策 | 中間目的 |
|---|---|---|

**廟算八要素**

● 人材
・前田
・出水さん(設計、デザイン)
・日野さん(製造、調達)

● 予算
・XX万円以下

● 納期／リードタイム
・2019年X月

● クオリティ
・勝利条件を最低限満たせばよい。
・機能外(文書による事前注意など)でできることであれば、機能は実装しない。
・安全性に配慮する。
・ハードの要素、揃える部材、システムとハードの組み立て方などを公開して、ユーザーがそれらを揃えて、参照すれば製造できるようにする。
・対象年齢は4〜10歳

● ビジネスモデル
・ハードでは儲けない。
・完成品のハードは売らない。

● 環境
・プログラミング教育

● 競合

● 外敵
・より完成度の高い製品を求める心

**施策**

- カメラ型にする(両手でもつ)
- 虫メガネ型にする(片手で握る)
- メガネ型にする(耳と鼻にかける)
- 筐体デザイン、部品設置のための内部構造を設計する
- 無線回路、ボタンボタン、シャッター音を出すスピーカーとアンプ、筐体を調達する(※液晶は不要)
- 任意のGoogleドライブに飛ばす設定ができるシステム・コードを書く
- 耐久性の高い素材を筐体に使用する
- 手に触れいない位置に回路を置く
- 回路とカメラをケーブルにつなぐ

**中間目的**

- 子どもが楽しんで使いたくなり、かつ扱いやすい形状をしている
- 最低限の機能だけが実装されている
- 使用上の子どもの安全性が最低限担保されている

---

プ譜　要注意：熱をもつ回路を使用するため、やけどをする可能性がある!

## 勝利条件

日常生活で「なんで?」と感じたものをすぐ撮影し、撮ったらクラウドに飛ばして保存され、親がスマホで写真を閲覧し、子どもの興味関心について知るという体験をする

## 獲得目標

なんで?カメラのプロトタイプをつくる

## 🚩 できる限り多くの施策を考える

中間目的を設定したら、次は個々の中間目的を実現する施策を考えます。

第一局面で書くプ譜はあくまで仮説です。スケジュールの都合や技術的な問題で、実行できない施策が必ず出てきます。

ですが、「これしかやらない」と決め打ちの施策しか出さないことの方がリスクが高くなります。プロジェクト開始前のタイミングにできる限り多くの施策を出してください。

## 🚩 廟算八要素を備忘録とする

廟算八要素を書き出して、人材、予算、納期などをきちんと認識しておくことは、**施策の実行可否を判断するときの基準**になります。

本プロジェクトは「あれこれ機能を追加したくなる気持ち」や「完成度を高めたくなる気持ち」をけん制するために、「外敵」に「より完成品を求める心」と書きました。こうした制作時に注意する点を1枚の紙にまとめることで、忘れてしまうことを防げます。

廟算八要素を書き終え、第一局面のプ譜が完成したら、さっそく施策を実行しましょう。施策を実行しない限り、プロジェクトは動きません。プロジェクトが動かなければ、新しく得られる情報もフィードバックもなく、プロジェクトの第二局面「仮説検証・評価」フェーズに移ることができないのです。

主体的に動き、理想のゴールをつくり出していきましょう。

# 中間目的が意思決定の
# スピードと質を上げてくれる

| 廟算八要素 | 施策 | 中間目的 |
|---|---|---|

**廟算八要素**

● 人材
・前田
・出水さん(設計、デザイン)
・日野さん(製造、調達)

● 予算
・XX万円以下

● 納期／リードタイム
・2019年X月

● クオリティ
・勝利条件を最低限満たせば
よい。
・機能外(文書による事前注意
など)でできることであれば、
機能は実装しない。
・安全性に配慮する。
・ハードの要素、揃える部材、
システムとハードの組み立て
方などを公開して、ユーザーが
それらを揃えて、参照すれば
製造できるようにする。
・対象年齢は4〜10歳

● ビジネスモデル
・ハードでは儲けない。
・完成品のハードは売らない。

● 環境
・プログラミング教育

● 競合

● 外敵
・より完成度の高い製品を
求める心

**施策**

- カメラ型にする(両手でもつ)
- 虫メガネ型にする(片手で握る)
- メガネ型にする(耳と鼻にかける)
- 筐体デザイン、部品設置のための内部構造を設計する
- 無線回路、ボタンボタン、シャッター音を出すスピーカーとアンプ、筐体を調達する(※液晶は不要)
- 任意のGoogleドライブに飛ばす設定ができるシステム・コードを書く
- 耐久性の高い素材を筐体に使用する
- 手に触れいない位置に回路を置く
- 回路とカメラをケーブルにつなぐ

**中間目的**

- 覗く行為が自然とできる
- 低温やけどの可能性がある。目から虫メガネまでの距離があり、虫メガネフレーム内の絵が両眼では確認が困難
- 目の近くに機器を常に配置するのは安全確保が必要
- が楽しんで使いたくつ扱いやすい形状る
- 最低限の機能だけが実装されている
- 使用上の子どもの安全性が最低限担保されている
- 首に巻き付く可能性がある

---

プ譜　要注意：熱をもつ回路を使用するため、やけどをする可能性がある！

## 勝利条件

日常生活で「なんで?」と感じたものをすぐ撮影し、撮ったらクラウドに飛ばして保存され、親がスマホで写真を閲覧し、子どもの興味関心について知るという体験をする

## 獲得目標

なんで?カメラのプロトタイプをつくる

### 🚩 吹き出しにはくもりなき目で事実を書く

施策を実行した結果わかったこと、起きたことを吹き出し形式で書き込んでいきます。これが「第二局面」です。

このとき、**事実だけを書く**よう心掛けてください。「こういうことがわかったが、こうなっていくと思われる」といった**予測や希望的観測は入れてはいけません**。

獲得した情報や遭遇した事象に対しては、1人の主観で解釈するより、情報や事象をありのままに書いたうえで、プロジェクトメンバーの多様な解釈に頼る方が得策です。

### 🚩 意思決定に迷ったら中間目的を見る

本プロジェクトで実際に制作を進める際に、カメラデザインを決める必要がありました。

アイデアを検討する中、鍵となったのが Wi-Fi につなぐための部材でした。この部材が熱をもつため、プラスチックを素材とする虫メガネの取っ手部分に組み込むと、低温やけどの可能性が危惧されたのです。

虫メガネ型にこだわるなら、素材を変更するなどの方法がありますが、廟算八要素の「予算」と中間目的の「使用上の子どもの安全性が最低限担保されている」ことから、虫メガネ案は不採用としました。

ここで強調したいのは、**中間目的が定まっていると意思決定がしやすくなること**です。そして、他の中間目的と辻褄を合わせることで、より正しい意思決定を導くことができるようになります。

※ ☺青色の吹き出しはポジティブな事象、☺赤色の吹き出しはネガティブな事象を表しています。

## 6 プ譜を書き、共有することのメリット

仮説立て

全体の把握

リモートでも

意思の疎通

### 🚩 プ譜を更新して目標に近づいていく

第二局面のプ譜に、吹き出しで書き込まれた内容を評価・検討した結果、実行を停止する施策や中間目的には×印などをつけておきます。

これらの検討内容や決定の理由は、プ譜の下段にメモを書き込める欄があるので、そこに書いておきます。

スペースが足りなければ、第一局面と第二局面のプ譜の間（第二局面以降も同様にプ譜とプ譜の間）に、決定した理由や関連資料などを挟んでおいてもよいです （→6-7節）。

実行した結果に対して評価・意思決定をしたら、**新たな施策や中間目的が出たり、表現を修正したりするものが出てくる**はずです。それらを「第三局面」のプ譜として加えていきます。

このようにプ譜を使ってプロジェクトの状況を記述し、更新し続けたことで得た4つの利点をまとめます。

## ⚑ プ譜を書くことで得たメリット

### ①まったく未知のプロジェクトでも、進め方の仮説を立てることができる

　筆者はカメラの製造・開発はまったくの未経験でしたが、プ譜のフォーマットに則ることで、進め方のイメージを明確にもてるようになりました。

### ②紙1枚で全体を把握することで意思決定を楽に、早くすることができる

　当初予定していた製造方法や素材では予算を超えてしまったり、新たに獲得した情報によって難しい意思決定を迫られたりする局面が出てきました。そんなときでも、勝利条件を見据え、廟算八要素を1枚の紙で把握することで、どの要素を変化（予算の追加、クオリティの変更、製造する台数の削減など）させればよいかを考えやすくなりました。

### ③勝利条件と中間目的を合意しておくとリモートでもプロジェクトを進められる

　本プロジェクトは、最初のキックオフと、カメラの筐体の仕上がりをチェックするときの2回しか全員で直接集まっていませんが、開発は着々と進んでいます。これは、自分たちの成功の基準が明確で、そのための「あるべき状態」がメンバー間でしっかり共有されているからです。「あるべき状態」が実現されるなら、具体的な進め方は当人たちの裁量に任せてよいのです。

### ④「なんでこうなったの？」という認識の齟齬や手戻りを防げる

　局面ごとに何を行い、その結果どんなことが起き、それに対してどう対応したかをプ譜で記録しておくと、意思決定の理由や経緯をすぐに振り返ることができます。

　また、プロジェクトを勝利条件から考えると、自分たちの目標を見失うことなく俯瞰的に意思決定ができるようになります。すると、メンバー間の認識の齟齬やプロジェクトの迷走を防ぐことができます。

6章　実例から学ぶプ譜の書き方のコツ

---

> **POINT**
>
> プ譜は意思決定の速度を上げ、チームのコミュニケーションを助けてくれる

# ⑦ プ譜でプロジェクト全体の流れを俯瞰できる

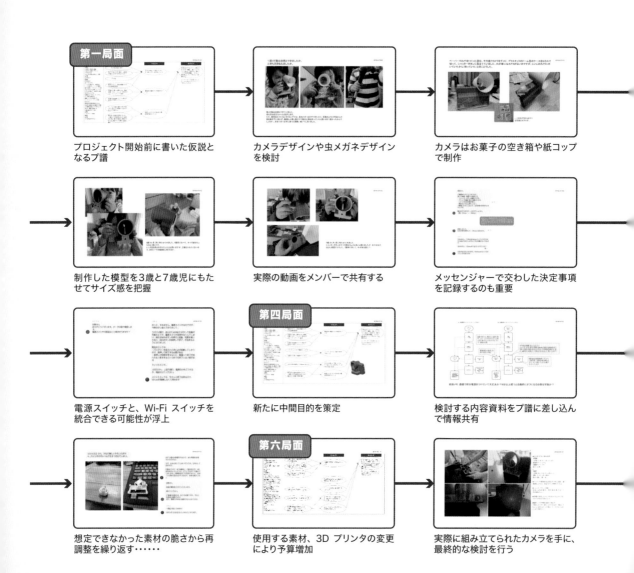

**第一局面**

プロジェクト開始前に書いた仮説となるプ譜

カメラデザインや虫メガネデザインを検討

カメラはお菓子の空き箱や紙コップで制作

制作した模型を3歳と7歳児にもたせてサイズ感を把握

実際の動画をメンバーで共有する

メッセンジャーで交わした決定事項を記録するのも重要

電源スイッチと、Wi-Fi スイッチを統合できる可能性が浮上

**第四局面**

新たに中間目的を策定

検討する内容資料をプ譜に差し込んで情報共有

想定できなかった素材の脆さから再調整を繰り返す······

**第六局面**

使用する素材、3D プリンタの変更により予算増加

実際に組み立てられたカメラを手に、最終的な検討を行う

プ譜でプロジェクトを記録していくときにおすすめしたいのは、プ譜だけを更新するのではなく、**プロジェクトで行った作業記録を局面と局面の間にはさんでおく**ことです（本事例であれば、設計図や完成した模型、それを手にしているときの写真や動画など）。

　そうすると、プ譜の記録がよりいきいきとしたものになり、プロジェクトのプロセスを物語を読むように振り返ることができます。

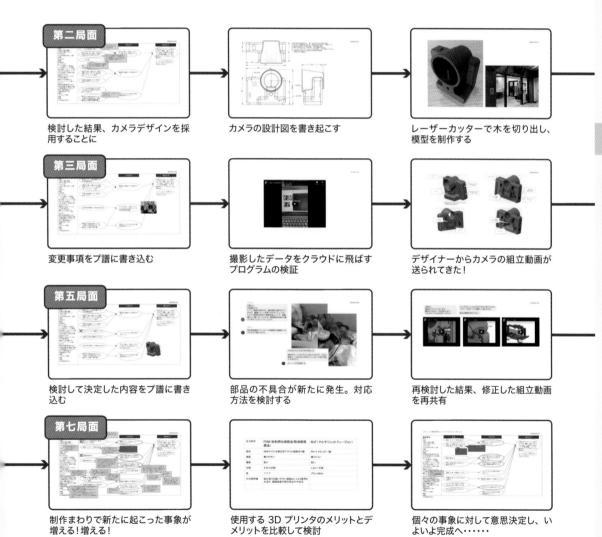

第二局面

検討した結果、カメラデザインを採用することに

カメラの設計図を書き起こす

レーザーカッターで木を切り出し、模型を制作する

第三局面

変更事項をプ譜に書き込む

撮影したデータをクラウドに飛ばすプログラムの検証

デザイナーからカメラの組立動画が送られてきた！

第五局面

検討して決定した内容をプ譜に書き込む

部品の不具合が新たに発生。対応方法を検討する

再検討した結果、修正した組立動画を再共有

第七局面

制作まわりで新たに起こった事象が増える！増える！

使用する3Dプリンタのメリットとデメリットを比較して検討

個々の事象に対して意思決定し、いよいよ完成へ……

# プ譜をチームにうまく取り入れる方法 その1

**1人で考えて、自分で書く**

**1人が答え、もう1人が書く**

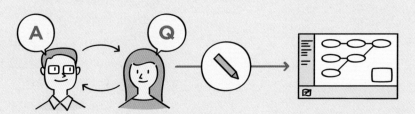

プ譜をチームに取り入れるとき、意外なハードルがあります。自分の頭の中で考えたことを実際に自分1人でプ譜に書くのは、実はけっこう難しいということです。

　そこで、チームメンバー1人1人がいきなりプ譜を書き始めるのではなく、2人で書いてみてください。

　2人1組になり、1人が聞き手兼書き手になり、もう1人が話し手になります。

　聞き手は、プ譜のフォーマットに則って、獲得目標や勝利条件について話し手に質問していきます。

　質問は、獲得目標→勝利条件→中間目的→施策→廟算八要素の順で進めます。

　1人で考えて書くより、他者に質問されて答えたことを他者に記述してもらう方が、プ譜をつくる負担が下がって作業が楽になります。

　これによってプ譜をつくるハードルが下がり、自分たちでも取り入れてみようと思ってもらいやすくなります。ぜひ試してみてください。

# 7章

## プ譜を書いて
## プロジェクト進行の
## 技術を身につける

実践編

プロジェクト進行の技術が身につく本

本章では、5章と6章の解説やコツをもとに、実際にプ譜を書いていきます。テーマは「プロジェクトチームをつくる」です。

仕事のチーム、趣味のチーム、ボランティアのチーム、地域のチームなど何でも構わないので、自分に関わりのあるプロジェクトチームづくりのプ譜を書いてみましょう。

# 1 プロジェクトチームをつくろう

### 🚩 未知のプロジェクトの成否はチームづくりが鍵を握る

「未知」のものに取り組むことがプロジェクトです。新規事業や新製品の開発を進める場合、その企業にとって**未知の要素が多いほど、それまで培ってきた知識や経験がどのように役立つかがわかりません。**

また、プロジェクトを成功させるために知る必要のある事柄が事前に示され、その事柄についてのOJTや研修、マニュアルが用意されることもありません。

そのため、組織を横断して異なる専門知識や技術をもつ社員を集めたり、外部の専門家を加えたりしたプロジェクトチームをつくることがよくあります。

こうして多様なメンバーを集めることが、プロジェクトを成功させるうえでは重要になってきます。

## ⚑ チームづくりは難しい

縦割り型で固定的なチームではなく、経験や知識の異なるメンバーが集まって構成されるフレキシブルなプロジェクトチームづくりは、容易ではありません。

他の業務と兼務する人、時短勤務の人、リモートで参加する人のみならず、組織外から参画する人もいます。とくに、組織外から参画するメンバーとプロジェクトのビジョンを共有するのは、組織内で共有するよりも難しいことがあります。

さらには、本人は望んでいないのに参画を指名された人もいるでしょう。異なる部門からやってきた人は、それぞれの部門の利益や都合を優先してしまい、部門間の利害対決が起こることもあります。

未知のものに取り組むためには、通常業務よりも高い頻度の試行錯誤が必要であり、従来の承認フローではプロジェクトが遅々として進まないといったこともあります。**チームをつくるうえでは、こうしたルール変更なども視野に入れる**必要があります。

## ⚑ プロジェクトチームをつくるプ譜を書いてみよう

このように、**プロジェクトチームをどのようにつくるかは、プロジェクトの行方を左右する重要な仕事**です。そこで、本章では「プロジェクトチームをつくる」ことをお題、つまり獲得目標にして、読者のみなさんといっしょにプ譜を書いてみることにします。

4章（→50P）や巻末（→176P）のリンク先よりプ譜をダウンロードするなどして、実際に書いてみてください。

チームづくりが共通の目標ですが、プロジェクトの内容はさまざまでしょう。新規事業立ち上げや新サービス開発といったものに限らず、新しいツールの導入、展示会への出展、販路開拓、人材育成・採用、コミュニティの立ち上げ、地域の活性化など、チームづくりが必要なプロジェクトであれば、対象はどんなものでも構いません。

まずは、プロジェクトの獲得目標を書く欄に「○○○プロジェクトのチームをつくる」と書きましょう（○○○にみなさんのプロジェクトの名称やテーマなどを入れてください）。

> 👍
>
> **7章**
>
> プ譜を書いてプロジェクト進行の技術を身につける

**POINT**

チームをつくることも重要なプロジェクトである

## 2 チームづくりの勝利条件と廟算八要素

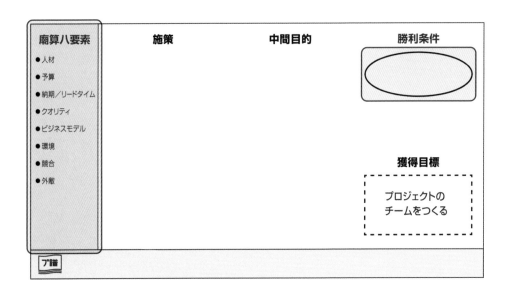

### 🏳 まずは勝利条件を表現しよう

みなさんが取り組もうとしているプロジェクトにおいて「**どんなチームをつくれば成功と いえるでしょうか？**」。

これは、プロジェクトの目標や内容によって大きく変わります。

たとえば海外進出プロジェクトであれば、「海外赴任と新規プロジェクト立ち上げ経験の あるメンバーを加える」といったスペック重視の勝利条件が考えられます。

会社にとって初めての海外進出で、かつ本社のある日本とは時間や距離に大きな隔たりが あり、現場での即断即決が求められるようなプロジェクトであれば、「現場の状況に応じて 臨機応変に動ける、主体性のあるメンバーでそろえる」といった勝利条件も考えられそうで す。

誰もが初対面のチームであれば、「些細なことでもすぐに相談できる関係性を築けている」 と表現することもできそうです。

## 🚩 自分たちのリソースを確認しよう

まだ自分以外にプロジェクトメンバーが決まっておらず、一からメンバーを集める場合（あるいは、自由にメンバーを集めてよい場合）、勝利条件→中間目的→施策→廟算八要素の順番で書いてみてください。

すでにメンバーがある程度固まってきている場合は、現在どのような人材がチームにいるのかを認識しておくと書きやすくなります。**本来は最後に書く「廟算八要素」を先に書いておくのです。**

いまいるメンバーの名前、得意なこと、専門分野など、何をどこまで書くかは廟算八要素のスペース（余白）次第です。これらの情報を書き出して、プロジェクトの内容に応じて「いまのチームにはこんな人材が足りていない」「こんなスキルを向上させたい」といったことを考えてみます。

こうした要望は「予算」や「スケジュール」の影響を受けます。予算が潤沢であればヘッドハンティングできるでしょうが、そうでなければいまいるメンバーのスキルアップや専門知識の獲得が必要です。

## 🚩 制約に目が行き過ぎないように注意する

新たに人を採用するとなると、社内の「環境」も無視できません。もし自社の社風が保守的で、必ずスーツ着用、業務中のヘッドフォン着用禁止といったルールがあるとします。こうした社風になじめる人でなければ、せっかくお金をかけて採用しても早期離職される可能性が高いです（そうした人は、そもそも転職を希望しないでしょうが……）。

こうして書き進めていくと、**制約ばかりに目が行ってしまうので、廟算八要素から考えるのはほどほどにして、**みなさんが想い描く理想のプロジェクトチームの姿を表現してください。

筆者は未知のプロジェクトを進めることを前提に、こんな勝利条件を設定してみました。「目標に向かって、個々人が判断し、実行できるチームになっている」

> **POINT**
>
> 制約にとらわれすぎず、理想のチームの姿を表現する

# 3 チームづくりの中間目的

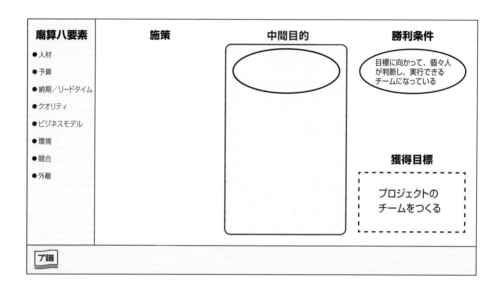

**廟算八要素**
- 人材
- 予算
- 納期／リードタイム
- クオリティ
- ビジネスモデル
- 環境
- 競合
- 外敵

**施策**

**中間目的**

**勝利条件**

目標に向かって、個々人が判断し、実行できるチームになっている

**獲得目標**

プロジェクトのチームをつくる

プ譜

## ▶ あなたのチームには、どんな「あるべき状態」が必要？

　次に勝利条件を実現するための「あるべき状態」（中間目的）と、その状態を実現する施策を考えていきましょう。

　中間目的を考える切り口は、対象とするプロジェクトによってある程度絞り込むことができます。

　チームづくりの場合は、個々人の知識や技術力、マネージャーとメンバーの関係性、メンバー間の関係性、チームの雰囲気や価値観、チームを運営するルール、情報共有のやり方、会議の進め方などが考えられます。

　「個々のメンバーが自分で判断できるようになるためには、メンバーがどうなっているべきか？」「マネージャーとメンバーの関係性はどうなっているべきか？」と自分自身に質問してみると、あるべき状態が書けるようになります。

## 🚩 中間目的同士の辻褄を意識しよう

筆者は「目標に向かって、個々人が判断し、実行できるチームになっている」という勝利条件を実現するために、以下の中間目的を設定してみました。

中間目的Ａ：メンバーが判断するための基準が明確になっている
中間目的Ｂ：判断して実行できる権限が付与されている
中間目的Ｃ：マネージャーがマイクロマネジメントをしないマインドセットになっている

## 中間目的Ａについて

個々人が適切に判断して行動できれば、マネージャーはとても楽です。しかし好き勝手に判断して行動した結果、大事故を起こしてしまっては元も子もありません。そのため、**メンバーが判断できる基準が明確になっているべき**です。「この通りにやりなさい」と指示するマニュアルではなく、明確にするのは「判断の基準」としました。

## 中間目的Ｂについて

基準に照らし合わせてメンバーが自分で判断し実行できるようになるには、それが許される権限が必要です。「個々で判断せよ」としているのに、「これをやっていいですか?」とマネージャーに許可を求めていては意味がありません。

## 中間目的Ｃについて

チームメンバーと判断基準を合意し権限を与えたなら、マネージャーは個々の施策の進め方にやかましく口を出したり、メンバーに報告させたりといったマイクロマネジメントをしてはいけません。マネージャーの仕事は管理ですが「個々人が判断し、実行できる」ようになるには、マイクロマネジメントをしないマインドセットになっているべきです。

最後に、これらの中間目的の辻褄が合っているかを確認し、問題がなければそれぞれの中間目的についての施策の設定に進みます。

> **POINT**
>
> 中間目的を設定した理由を説明できるようになっておく

# 4 チームづくりの施策

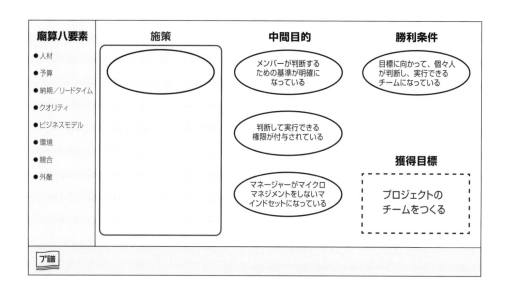

| 廟算八要素 | 施策 | 中間目的 | 勝利条件 |
|---|---|---|---|
| ● 人材 | | メンバーが判断する<br>ための基準が明確に<br>なっている | 目標に向かって、個々人<br>が判断し、実行できる<br>チームになっている |
| ● 予算 | | | |
| ● 納期／リードタイム | | | |
| ● クオリティ | | 判断して実行できる<br>権限が付与されている | |
| ● ビジネスモデル | | | |
| ● 環境 | | | 獲得目標 |
| ● 競合 | | マネージャーがマイクロ<br>マネジメントをしないマ<br>インドセットになっている | プロジェクトの<br>チームをつくる |
| ● 外敵 | | | |

プ譜

## 🚩 先行事例やノウハウを上手に利用して施策を考えよう

　施策を考えることは、獲得目標に対する「評価・判断基準」となる勝利条件や、勝利条件に対する「あるべき状態」を考える中間目的よりも難易度は低いです。

　なぜなら、チームづくりに限らず、世の中には多くの施策の先行事例や方法・ノウハウが存在しているからです。

　**施策を自ら考え出すのが難しければ、世にあるチームづくりの方法を、自身のプロジェクトチームの「あるべき状態」にひもづけて考えてみることもできます。**

　筆者は先に掲げた A、B、C それぞれの中間目的に対し、次のような施策を考えました。

## A：「メンバーが判断するための基準が明確になっている」の施策

　判断するための基準が明確になるには、そもそもの基準をつくらねばなりません。こうすれば失敗しない「マニュアル」は、未知のプロジェクトではつくることができないため、自

分たちの行動の原則や方針をつくる必要があります。こうした原則や方針のことを「ドクトリン」といいます。

　ここでは「ドクトリンを策定する」を施策にしました。ドクトリンの策定には、最終的な目標を全員が理解しておく必要があります。よって、「全体ミーティングを開催する」施策も必要です。

　メンバー全員がドクトリンを理解しているかどうかが不安なら、「プロジェクト開始前にテストをする」施策も考えられそうです。

## B：「判断して実行できる権限が付与されている」の施策

　この中間目的に対しては、マネージャーとメンバー間で「ドクトリンにもとづいて自ら判断してよし」と約束するだけで済みそうですが、明文化する必要があるなら、業務権限証明書を用意することも考えられます。

　個人の独断専行に慣れていない人は戸惑うかもしれないので、自分が判断して進めてよいのだと納得できるようなリーダーシップ研修を受けさせる、といった施策があってもいいかもしれません。

## C：「マネージャーがマイクロマネジメントをしないマインドセットになっている」の施策

　マイクロマネジメントをしてしまう理由には、マネージャーの部下に対する信頼が不十分であることや、部下が「最後はマネージャーが面倒を見てくれる」という気持ちでいることなどが挙げられます。

　こうした状態を改善するために、自分の好みとは違うやり方であってもあるべき状態が実現されていれば、やり方は任せることを徹底する施策などが考えられます。

　みなさんの中間目的ごとに考えた施策を書き矢印でつなげば、プ譜が完成します。

> **POINT**
>
> 世にある方法を、自分の「あるべき状態」にひもづけて施策を考えてもよい

## 5 「プロジェクトチームをつくる」のプ譜

| 廟算八要素 | 施策 | 中間目的 |
|---|---|---|

**廟算八要素**

- 人材
- 予算
- 納期／リードタイム
- クオリティ
- ビジネスモデル
- 環境
- 競合
- 外敵

みなさんの状況を
記入してください

**施策**

- ドクトリンを策定のための全体ミーティングを開催する
- メンバーとプ譜をつくって合意形成を図る
- ドクトリン理解のためのテストを実施する
- 業務権限証明書を用意する
- マネージャーは任せたメンバーにいちいち進捗を聞かないようにする
- マネージャーが休んでも部の生産性が上がった事例記事を読ませる
- プロジェクトにおける失敗は、「失敗する選択肢を潰したことになる」という意識を徹底する
- 早く失敗し、そこから教訓を得るという意識を徹底する

**中間目的**

- メンバーが判断するための基準が明確になっている
- 判断して実行できる権限が付与されている
- マネージャーがマイクロマネジメントをしないマインドセットになっている
- 自分が不利になる状況が起きても、メンバーに正しい情報を伝えられる関係性ができている

プ譜

## 勝利条件

目標に向かって、個々人が判断し、実行できるチームになっている

## 獲得目標

プロジェクトチームをつくる

### 🏴 中間目的の発想を広げる

ここには、筆者が考えたプ譜を例として掲載しています。廟算八要素は割愛しているので、みなさんの状況を記入してください。

ここまでの解説では3つの中間目的を掲げましたが、**中間目的の数は3つに絞る必要はありません。**

その他に考えられる中間目的として、「自分が不利になる状況が起きても、メンバーに正しい情報を伝えられる関係性ができている」や、個々のメンバーが「自分の仕事が全体のどこに位置づけられているかを把握できている」なども考えられそうです。

**中間目的の数がいくつであっても、中間目的同士の辻褄が合っているかを意識して取捨選択するようにしてください。**

もし、適当な中間目的が設定できなければ、チームビルディングに関する情報を検索したり、関連書籍に目を通したりしてみるといいでしょう。そこに書かれている原理・原則は、中間目的を考える際のヒントを与えてくれます。

こうしてつくったプ譜をもとに、メンバーやパートナーを探したり、予算を獲得したりするなど、みなさんのプロジェクトチームがうまく機能するように活動を始めてみてください。

**7章** プ譜を書いてプロジェクト進行の技術を身につける

# プ譜をチームにうまく取り入れる方法
# その2

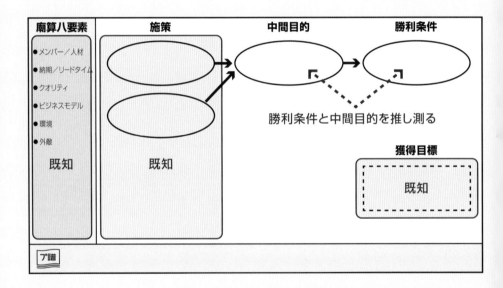

まだ始まっていない新しいプロジェクトをプ譜で記述していこうとすると、「本当にこの書き方で正しいだろうか？」と不安になってしまい、プ譜をなかなかチームに取り入れることができない方がいます。そんなときは、過去のプロジェクトをプ譜で記述することをおすすめします。

　対象とするプロジェクトは、自分が実際に体験したものが最も望ましいですが、他社事例はもちろん、映画、小説、漫画、歴史上の出来事などでも構いません。成功したプロジェクトでも、失敗したプロジェクトでも大丈夫です。

　未知のプロジェクトについて仮説を立てるのはハードルが高いですが、既知のプロジェクトであれば、どんな目標に対して、どの施策が有効だったか、あるいは無効だったかがわかっています。

　この方法のポイントは、すでにわかっている（あるいは調べればわかる）目標、施策、廟算八要素を先に書き、そのプロジェクトの担当者や主人公になりきって、勝利条件と中間目的を推し測りながら、プロジェクトの開始から終了までを振り返ることです。

　もし、みなさんのプロジェクトの前身となるプロジェクトがあるなら、この振り返りを行うことで、新しいプロジェクトに取り組む際の教訓を引き出すことができます。

　自分たちにとっては未知でも社会的に既知であれば、それらを類似事例と位置づけ、自分たちがプロジェクトに取り組む際の仮想演習にすることができるのです。

# 8章

## プ譜の実例でつかむ
## プロジェクト進行の勘所

応用編

**プロジェクト進行の技術が身につく本**

プ譜を使ってプロジェクト進行の技術を身につけるには、とにかく数を書くことに加え、他人がつくったプ譜を見ることです。

本章では、さまざまな実在のプロジェクトを筆者がプ譜で記述しました。みなさんのプロジェクト進行に役立ちそうな表現方法や勘所をつかんでみてください。

# 1　他者がつくったプ譜から学べること

## 🚩 自分にとって完全に当てはまる事例は存在しない

　本書ではプロジェクトを、「やってみる前に、何をしたらどんな結果が得られるかが、わからない活動」と定義しました。

　また、世の中にすでに事例が存在していても、当事者にとって少しでも未知の要素があれば、それはプロジェクトになります。

　つまり、**自分のプロジェクトに完全に当てはまる事例・マニュアルは存在しないのです。**

　加えて、ビジネスの世界では日々数多くのプロジェクトが生み出されていますが、そのプロジェクトが進行したプロセスを解説した記録はほとんどありません。

　世の中に公開されているのは、「私は最初からこうなると予想していました」といった回顧譚や自社の都合のいいようにつくった事例ばかりです。

## ⚑ 構造的にプロジェクトを見る目を養う

マニュアルや教科書が存在しないプロジェクトを進めるためにプ譜を活用すると、仮説を立てやすくなることに加えて、プロジェクトの経過を記録することができます。これは、4章でも述べた「過去の情報を再利用」できることを意味します（→ 4-3節）。

プ譜は、プロジェクトの目標に対して、どのような条件・環境下に置かれたチームが、どのようにしてプロジェクトを進めたかを記録します。

仮説にもとづいて行動してみた結果、どのような事象に遭遇し、それらをどのように解釈し、意思決定したかが、俯瞰的かつ時系列で残されているプ譜は、みなさんがいる組織やチームの他のメンバーが**新たなプロジェクトに挑む際の参照物（アーカイブ）**になるのです。

プロジェクトに応じて目標や条件は異なるため、プ譜で書かれていることをそっくりそのまままねをすることはできません。

しかし、そのプロセスで起きたことや意思決定した理由を見ていけば、自分のプロジェクトに役立つ構造を見いだすことができます。構造的に共通点を見いだす思考をアナロジー思考といいますが、プ譜はそうした共通点を見いだすことを助けてくれます。

## ⚑ 他者の意思決定のプロセスや有効な打ち手に着目する

本章ではシステム開発の炎上と鎮火、中小企業のブランディング、個人の起業、大学のプロジェクト学習などさまざまなプロジェクトをプ譜で記述しました。

すべてのプロジェクトに対して、プロジェクト開始時の状況を表す第一局面、プロジェクトに変化が生じたときの状況を表す第二局面、プロジェクト終盤の状況を表す第三局面の順にプ譜を掲載しています。

これらのプ譜を見る際は、**第一局面に対し、どのような事象に遭遇し、その結果どのような対応を行ったのかという第二局面以降の変化**や、プロジェクトを進めるために行った工夫などに着目してみてください。

> **POINT**
>
> 他者のプ譜から、自分のプロジェクトに活かせる共通点を見いだそう

### 第一局面

| 廟算八要素 | 施策 | 中間目的 |
| --- | --- | --- |

**廟算八要素**

● 人材
・お客様: 丸投げ型
・自社: 経験少ない若手

● 予算
・数千万円規模

● 納期／リードタイム
・18か月／納期マスト

● クオリティ
・要望要求の調整、着地に失敗

● ビジネスモデル
・SaaS導入＆カスタマイズ開発

● 環境
・ターゲット業界の中堅企業への初トライ

● 競合
・同業他社が複数

● 外敵
・先方企業の別部門管掌役員

**施策**

- これまでのプロジェクトマネジメントの失敗を心の底から謝罪する
- 要求に対して、明確に不可能なもの、条件しだいで可能なもの等に仕分けする
- 「プロジェクト中止」の選択肢を提示する
- とにかく話を聞く
- 具体的な残課題をすべて整理整頓し、スケジュールはさておき、片付けるべき内容を合意する
- 毎週の定例でとにかく前進していることを確認する

**中間目的**

- 膨らみすぎたお客様の期待が調整され、過大な要求を、ご納得のうえで取り下げていただけている状態
- メンタル・体力両面でボロボロになっている現メンバーの回復
- 開発計画の仕切り直しプランが双方に合意されている状態

**プ譜**

開発内容があいまいな状態で費用と納期のみを合意してしまった IT 開発プロジェクト。要件定義を開始した後に、顧客が当然可能と考えていた数多くの機能が実現できないと判明してしまった。感情面でも作業面でも容易には収まりがつかない状況で、リカバリーのために途中参加したプロジェクトマネージャーが考えたのが、この局面。

## 勝利条件

納期が間に合い、
機能もすべて要望を満たすこと

## 獲得目標

顧客管理のための情報システム導入

---

### 📌 本事例のテーマ

規模の大きな IT 開発案件では、契約が交わされ着手したその後で「その要望は実現できない」「そんなことは聞いていなかった」など「いった・いわない」の不毛な争いに発展してしまうことが、しばしばあります。

顧客側もベンダー側も約束を取り交わした以上、そう簡単に計画変更はできません。行くも地獄、戻るも地獄のような不幸な状況を打開するためには、どんなアクションが必要でしょうか。

### 📌 第一局面

このような問題では一般的に、どちらか一方に全責任があるわけではなく、双方に何かしらの不備や瑕疵（かし）があるものです。

互いに疑心暗鬼な状態のままでは、「責任を問い詰めるモード」になりがちです。両者がともに「どうやったら成功させられるかを一緒に考えるモード」に変わらなければ、話は前に進みません。

感情面でも作業面でもフラットな状態に戻るための手がかりとして、「中間目的」と「施策」に着目してください。

※以下はプロジェクトに関するキーワードを示しています。

( ITシステム開発 ) ( 大規模 ) ( 受託 ) ( 炎上 ) ( 途中参加 )
( 「やらないこと」を決める )

**8章** プ譜の実例でつかむプロジェクト進行の勘所

# 炎上中のIT開発案件を鎮火したプ譜
## 第二局面

| 廟算八要素 | 施策 | 中間目的 |
|---|---|---|

**廟算八要素**

● 人材
・お客様: 丸投げ型
・自社: 経験少ない若手

● 予算
・数千万円規模

● 納期／リードタイム
・18か月／納期マスト

● クオリティ
・要望要求の調整、着地に
失敗

● ビジネスモデル
・SaaS導入＆カスタマ
イズ開発

● 環境
・ターゲット業界の中堅
企業への初トライ

● 競合
・同業他社が複数

● 外敵
・先方企業の別部門管掌
役員

**施策**

これまでのプロジェクトマネジメントの失敗を心の底から謝罪する

要求に対して、明確に不可能なもの、条件しだいで可能なもの等に仕分けする

「プロジェクト中止」の選択肢を提示する

とにかく話を聞く

具体的な残課題をすべて整理整頓し、スケジュールはさておき、片付けるべき内容を合意する

毎週の定例でとにかく前進していることを確認する

**中間目的**

膨らみすぎたお客様の期待が〜な要求を〜取り下げて〜る状態

100％ご納得、とまではいかなくとも、まずは今後の実務的な協議を進められるだけの最低限の合意は得られた

お客様は、社内都合上、どんな形であれ中止は不可能とのこと。同時に、「とにかく稼働すればよい」という最低ラインを確認

〜両面でボロボロになっている現メンバーの回復

実際の作業上、勝利条件が満たせるかどうかは見えていないが、まずは一つひとつのアクションで信頼回復と、前に進んでいる感覚を共有した

〜直しプランが〜ている状態

**プ譜**

ベンダー側のプロジェクトマネージャーが「最悪の場合、本当にプロジェクトを中止しても構わない」覚悟を決めて、当初考えた施策を実行した結果の局面。納期か機能かの二者択一においては明確に「納期」である意思表示を得て、機能を妥協する方針には合意できたが、開発内容を最終凍結するにはまだ至っていない。

## 勝利条件

納期が間に合い、
機能もすべて要望を満たすこと

最低限の合意形成はできたが、本当に納期に間に合うかは見えておらず、予断を許さない状況が続く

## 獲得目標

顧客管理のための情報システム導入

### 🏳 第二局面

本事例で鍵となったのが、ベンダーからの「中止」の申し入れでした。

顧客は当初、「都合のいい提案に騙された」「ここで主張を曲げてベンダーのいいなりになっては損をする」と考えていたのでした。

しかし思ってもみなかった「中止」の申し入れが、顧客の認識を改めるきっかけとなりました。実際のところ、開発中止になってしまっては別のさまざまな問題が発生してしまいます。

第三者の視点でどこまでが対応可能で、どのような要望が叶えられないかが、ある程度判明し始めていたことも幸いしました。

ひとまず顧客は怒りの矛を収めて、実現可能な開発内容を検討する方向へと舵を切ることになりました。

※ ☺青色の吹き出しはポジティブな事象、☹赤色の吹き出しはネガティブな事象を表しています。

( ITシステム開発 ) ( 大規模 ) ( 受託 ) ( 炎上 ) ( 途中参加 )

( 「やらないこと」を決める )

# 炎上中の IT 開発案件を鎮火したプ譜
## 第三局面

| 廟算八要素 | 施策 | 中間目的 |
|---|---|---|

**廟算八要素**

● 人材
・お客様: 丸投げ型
・自社: 経験少ない若手

● 予算
・数千万円規模

● 納期／リードタイム
・18か月／納期マスト

● クオリティ
・要望要求の調整、着地に失敗

● ビジネスモデル
・SaaS導入&カスタマイズ開発

● 環境
・ターゲット業界の中堅企業への初トライ

● 競合
・同業他社が複数

● 外敵
・先方企業の別部門管掌役員

**施策**

- 完全に赤字だが、必要な承認を取り、タスク整理とタスク実行に時間を投入し続ける
- 毎週定例会の前日夜に、報告&質疑応答をシミュレーション
- 課題管理シートとアクション実施状況確認の徹底
- 定例会の中で収まらない議論や課題は必ず分科会を開催、お客様にも課題解決の主体になっていただく
- そのうえでなおかつ、他に想定外のリスクがないか、危険予知をし続ける

**中間目的**

- 確かなWBSで毎週進捗が見えている状態
- 顧客・ベンダー双方の信頼協力関係
- 未知なる遅延リスクの洗い出し&対処

**プ譜**

第二局面を経て、商談時の提案書で書かれていた「それらしい雰囲気はあるが、実はでたらめなWBS」を訂正するために、ひとまず現実的に開発可能な要件を洗い直すことには成功した。その時点で更新した結果の局面。しかし絶対条件である納期の遵守のためには、盲信的にWBSを頼りにするのでは不足だと考えている。

## 勝利条件

とにかく納期に
だけは間に合うこと

## 獲得目標

顧客管理のための情報システム導入

## 第三局面

スケジュールが見えない中、改めて要件整理を進めた期間は1か月ほどでした。ここで失敗しては元の木阿弥なので、プロジェクトマネージャーは赤字覚悟でリソースを投入することにしました。

どこまでがマスト要件で、どこからがそうではないかを緻密に議論したうえで、段階的なリリースとするなどさまざまな手段を駆使することで、基準となるWBSを作成することができました。

加えて二重三重に危険予知と対策を繰り返し、リカバリー施策を繰り広げることで、勝利条件を満たすことができたのでした。

## 勘所

プロジェクトが崩壊しそうになったとき、最も重要なのがこう着している状態を突破するための論点づくりです。

本事例では「納期か機能か」の二択で、そのうえで優先すべきが「納期」であると合意できたことがポイントでした。勝利条件が明確になることで、「やらないこと」を決断できるようになります。

もちろん、そのような意思疎通を可能にするためには、人として当たり前にもつべき「誠実な姿勢」と「論理的思考」を備えている必要があります。

※赤字は記述内容の変化を表しています。

( ITシステム開発 ) ( 大規模 ) ( 受託 ) ( 炎上 ) ( 途中参加 )
( 「やらないこと」を決める )

# 3-1 仲間の協力を得て、実力以上の成果を 生み出したプ譜 第一局面

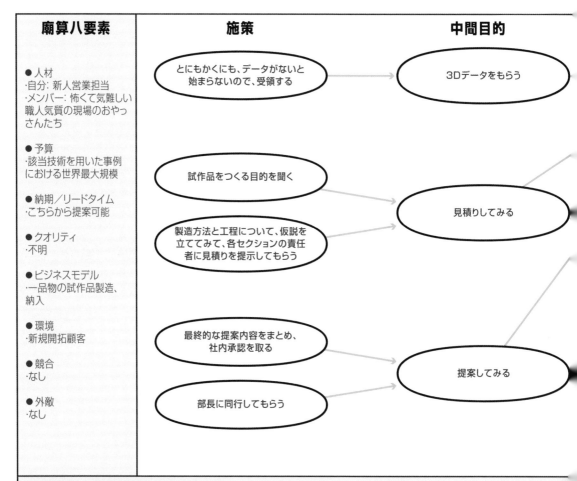

| 廟算八要素 | 施策 | 中間目的 |
|---|---|---|
| ● 人材<br>·自分: 新人営業担当<br>·メンバー: 怖くて気難しい<br>職人気質の現場のおやっ<br>さんたち | とにもかくにも、データがないと<br>始まらないので、受領する | 3Dデータをもらう |
| ● 予算<br>·該当技術を用いた事例<br>における世界最大規模 | 試作品をつくる目的を聞く | |
| ● 納期／リードタイム<br>·こちらから提案可能 | | 見積りしてみる |
| ● クオリティ<br>·不明 | 製造方法と工程について、仮説を<br>立ててみて、各セクションの責任<br>者に見積りを提示してもらう | |
| ● ビジネスモデル<br>·一品物の試作品製造、<br>納入 | | |
| ● 環境<br>·新規開拓顧客 | 最終的な提案内容をまとめ、<br>社内承認を取る | 提案してみる |
| ● 競合<br>·なし | | |
| ● 外敵<br>·なし | 部長に同行してもらう | |

**プ譜** 営業経験も技術的な知識も足りない。そんな状況で、前例のない大きな規模の案件を打診されたとき、想定するシナリオやどんな行動を取るかといった考えは非常に浅いものとなりがちである。本事例でも、当初描いた「プロジェクトの進め方」はまずは「定型通り動いてみる」という工夫の乏しい内容であった。

## 勝利条件

（○で囲まれた部分）
失注してしまっても
構わない

## 獲得目標

（点線で囲まれた部分）
全長3mにも及ぶ世界最大
の三次元造形試作品

---

## 📐 本事例のテーマ

　三次元粉体造形技術（3Dプリンタの産業版）を用いて、大型トラックのエンジンを1/1モデル（実物大）で試作したいという案件を新人営業担当が受けました。

　当時は三次元造形技術の黎明期だったためそのような事例はまったくなく、世界最大のチャレンジであり、技術的な課題も山積みでした。

　陣頭指揮をとるべき立場の新人営業担当に対して、連携すべき職人たちは現場経験が長くて知識や技術は一流ですが、ひと癖ある人たちばかりでした。

　知識もスキルも不足した新人営業担当が、責任をもって案件を遂行するために必要なことは何かを考えていきます。

## 📐 第一局面

　当初、新人営業担当にとって難易度の高すぎる不安な案件であり、本音ではチャンスだとは思えませんでした。むしろ本心では「予算に合わなくて失注する」シナリオを望んでいたのでした。

　ひとまず定型的に営業担当としての作業はこなすものの、うまく現実感をもてない状態でプロジェクトが進行しました。

( 新人 ) ( 営業 ) ( 製造業 ) ( 三次元造形 ) ( 試作 ) ( 大型案件 )
( サーバントリーダーシップ ) ( 職人 )

# 仲間の協力を得て、実力以上の成果を生み出したプ譜 第二局面

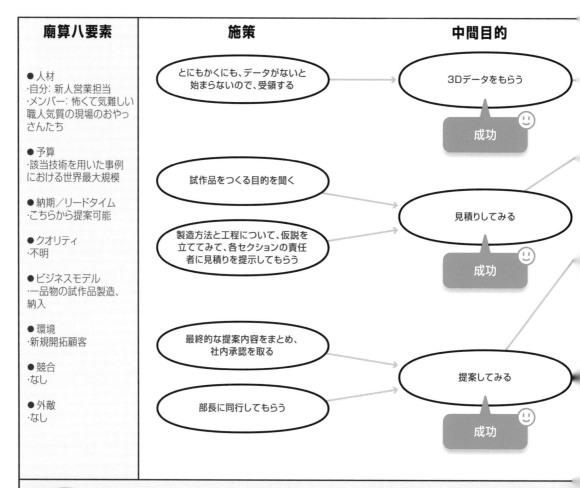

| 廟算八要素 | 施策 | 中間目的 |
|---|---|---|
| ● 人材<br>・自分: 新人営業担当<br>・メンバー: 怖くて気難しい職人気質の現場のおやっさんたち | とにもかくにも、データがないと始まらないので、受領する | 3Dデータをもらう<br>成功 ☺ |
| ● 予算<br>・該当技術を用いた事例における世界最大規模 | 試作品をつくる目的を聞く | 見積りしてみる<br>成功 ☺ |
| ● 納期／リードタイム<br>・こちらから提案可能 | | |
| ● クオリティ<br>・不明 | 製造方法と工程について、仮説を立ててみて、各セクションの責任者に見積を提示してもらう | |
| ● ビジネスモデル<br>・一品物の試作品製造、納入 | | |
| ● 環境<br>・新規開拓顧客 | 最終的な提案内容をまとめ、社内承認を取る | 提案してみる<br>成功 ☺ |
| ● 競合<br>・なし | | |
| ● 外敵<br>・なし | 部長に同行してもらう | |

**プ譜** 受注への執念や意気込みをもたずして、淡々と仕事をこなしていった結果の局面。同行してもらった営業部長が「任せてください!」と顧客に大見得を切ったことで、流れは一気にプロジェクト立上げに傾いた。

## 勝利条件

失注してしまっても
構わない

😞 数字上は見積もってみたものの、作業場所はどうするのか、強度は耐えられるのか、細かいことは検証できていない……。
「失注しないかな」と半分祈りながら提案したところ、お客様からご快諾をいただいてしまう。
帰り道の車中で部長に「どうしましょうか?」というと、「そんなもの、できるといってから(お前が自分自身で)考えればいいんだ!」と突き放され……。

## 獲得目標

全長3mにも及ぶ世界最大の三次元造形試作品

## ⚑ 第二局面

どうしても受注したいときにはあの手この手で工夫をこらすものですが、今回に限ってはそのような営業努力は最低限に抑えていました。

しかし、そういうときに限って、なぜか商談はトントン拍子で順調に進んでしまいました。

いよいよ逃げ場がなくなってしまう新人営業担当者。きっと部長が助けてくれるんじゃないかと甘い期待をしていましたが、一切そのようなことはありません。

やるしかないとなったら、やることは一つだけ。「わからないならわからないなりに、正直に、わかる人に助けを乞う」ことでした。

新人 営業 製造業 三次元造形 試作 大型案件

サーバントリーダーシップ 職人

**仲間の協力を得て、実力以上の成果を生み出したプ譜** 第三局面

| 廟算八要素 | 施策 | 中間目的 |
|---|---|---|

**廟算八要素**

● 人材
·自分: 新人営業担当
·メンバー: 確かに怖いが、誠実にやるべきことを遂行したら、手助けも助言もしてくれる頼もしい味方

● 予算
·該当技術を用いた事例における世界最大規模

● 納期／リードタイム
·こちらから提案可能

● クオリティ
·仕上げ、強度等の達成ラインを確認する必要がある

● ビジネスモデル
·一品物の試作品製造、納入

● 環境
·新規開拓顧客

● 競合
·なし

● 外敵
·なし

**施策**

- 技術面は技術者に、進め方は先輩に、パートナーには参考事例がないか、ひたすら質問して回る
- 技術者が知りたいことをすべてメモする
- 自分1人では心許ないので主要な現場リーダー全員に同行してもらう
- 結局自分にできることは、環境を整えることだけ
- ものづくり以外のすべての雑用をこなし、技術者の妨げにならないようにする

**中間目的**

- 「何がわからないか」をわかる
- どんな要求仕様が求められているかを明確にする
- 人、モノ、場所等のあらゆる資源を整える

**プ譜**　第三局面におけるポイントは、プロジェクトマネージャー自身の頭の中に、具体的なものづくりに関する言及が一切ないことである。知識がないせいでもあるが、技術者を信じ、ものづくりにおいては全面的に任せ、彼らが力を発揮しやすい状況をつくることに集中した進め方を意識した内容になっている。

　新人営業担当からすると、気難くて厳しくて正直なところ、これまで敬遠していた技術者たちでしたが、もはや体当たりでぶつかるしかないと腹をくくりました。

　知識が増えるごとに、いかに困難な要件かが見えてくる状況でしたが、一つひとつのことに向き合い、走り回っていくうちに、曲者ぞろいの技術者たちが徐々に味方になってくれました。

　最後までトラブル対応に追われましたが、最終的には無事、実物大のモデルが完成したのでした。

■ 勘所

　本事例では、能力をもった人たちが十分にその能力を発揮するために、相手の立場や気持ちに立って環境整備に努めたことが勝因でした。

　営業やプロジェクトマネージャーは原則として、自分で手を動かして成果物をつくることはできません。

　とくにプロジェクトマネージャーには「スーパーマンのように全体を見通してプロジェクトを指揮する」イメージがありますが、能力をもった人たちが動きやすい状況をつくる、サーバントリーダーシップ（メンバーに奉仕してメンバーを導く）的なプロジェクト進行も十分に通用するのです。

---

## 勝利条件

十分な強度を満たす試作品を、納期通りに納品する

## 獲得目標

全長3mにも及ぶ世界最大の三次元造形試作品

---

( 新人 ) ( 営業 ) ( 製造業 ) ( 三次元造形 ) ( 試作 ) ( 大型案件 )
( サーバントリーダーシップ ) ( 職人 )

## 4-1 中小企業のトップダウン型プロジェクトで売上を向上させたプ譜 第一局面

| 廟算八要素 | 施策 | 中間目的 |
|---|---|---|
| ●人材<br>·植木社長<br>·社員6名<br><br>●予算<br>·2万9,800円／月<br>（動画制作システム利用料）<br><br>●納期／リードタイム<br>·毎日1本制作（平日）<br><br>●クオリティ<br>·素人感が出ていてOK<br>（クオリティを気にしない）<br><br>●ビジネスモデル<br>·通信販売<br><br>●環境<br><br>●競合<br>·防災用品を扱っている<br>大手ECサイト<br><br>●外敵<br>·動画なんてつくれない、<br>炎上したらどうするのと<br>思っている社員 | | 動画を平日毎日制作・配信する<br><br>より多くの人びとに動画の存在を知ってもらっている<br><br>社員が動画制作に前向き・協力的になっている |

プ譜

## 勝利条件

防災用品を紹介する動画を制作し、単価の低い文具を扱う店というイメージを払拭する

## 獲得目標

動画を自社の通販ビジネスに活用する

## 🚩 本事例のテーマ

　トップダウンでプロジェクトを始めたものの、トップが現場に丸投げして口だけ出すばかりで、プロジェクトが失敗してしまう事例はたいへん多いものです。

　本事例は、トップダウンで決定し、かつそのプロジェクトの進め方を自ら考え、実行まで行った中小企業の社長のプロジェクトです。

　株式会社カスタネットは京都にある防災用品やオフィス家具などを扱う通販企業です。

　創業当初、文具など単価の低い商品を扱っていましたが、新しく防災用品を扱うことになり、従来の単価の低い商品を扱う店というイメージを払拭したい想いがありました。

## 🚩 第一局面

　素人でも動画が簡単につくれて、月額定額制で動画が撮り放題のシステムがあることを知った同社の植木力社長は、「防災用品を動画で紹介する」ことを思い立ちます。これがプロジェクトの獲得目標と勝利条件になりました。

　動画をマーケティングやセールス、ブランディングなどに活用する企業が増えている中、数本の商品紹介動画をつくるだけではイメージを払拭するほどのインパクトは出せないと考えた社長は、「動画を平日毎日制作・配信する」という思い切った中間目的を設定します。

( EC )　( 動画制作 )　( マーケティング )　( ブランディング )　( 人材育成 )

# 中小企業のトップダウン型プロジェクトで売上を向上させたプ譜 第二局面

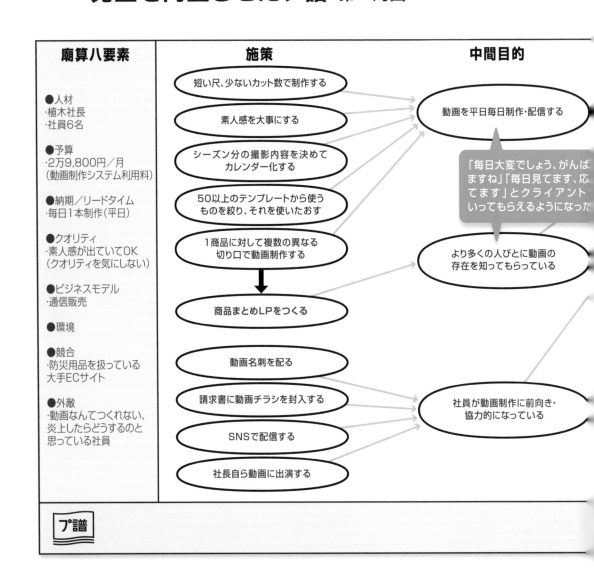

| 廟算八要素 | 施策 | 中間目的 |
|---|---|---|
| ●人材<br>·植木社長<br>·社員6名<br><br>●予算<br>·2万9,800円／月<br>(動画制作システム利用料)<br><br>●納期／リードタイム<br>·毎日1本制作(平日)<br><br>●クオリティ<br>·素人感が出ていてOK<br>(クオリティを気にしない)<br><br>●ビジネスモデル<br>·通信販売<br><br>●環境<br><br>●競合<br>·防災用品を扱っている<br>大手ECサイト<br><br>●外敵<br>·動画なんてつくれない、<br>炎上したらどうするのと<br>思っている社員 | 短い尺、少ないカット数で制作する<br><br>素人感を大事にする<br><br>シーズン分の撮影内容を決めて<br>カレンダー化する<br><br>50以上のテンプレートから使う<br>ものを絞り、それを使いたおす<br><br>1商品に対して複数の異なる<br>切り口で動画制作する<br><br>商品まとめLPをつくる<br><br>動画名刺を配る<br><br>請求書に動画チラシを封入する<br><br>SNSで配信する<br><br>社長自ら動画に出演する | 動画を平日毎日制作・配信する<br><br>「毎日大変でしょう、がんばますね」「毎日見てます、応てます」とクライアントいってもらえるようになった<br><br>より多くの人びとに動画の存在を知ってもらっている<br><br>社員が動画制作に前向き・協力的になっている |

プ譜

## 📑 第一局面続き

「動画を平日毎日制作・配信する」と聞いた社員たちは大反対しました。いくら動画を簡単につくれるシステムがあるとはいえ、「毎日つくれるわけがない」「変な動画をつくって炎上したらどうするのか」などの声に対し、社長はさまざまな施策を企画し実行していきます。

すぐにネタが尽きないように短い秒数や少ないカット数で制作して作業負荷を下げること、照明や演技などの技術面は重視せず、素人らしさを大事にすること、一つの商品を複数の切り口で紹介して本数を稼ぐこと、といった工夫をしました。

とくに1商品に対し複数の機能的特徴やユーザーに応じたおすすめポイントなど、多様な切り口で動画を紹介する施策は、後に想定外の成果をもたらすことになります。

## 📑 第二局面

動画配信をはじめて100本くらいになってから、お客様から「毎日大変でしょう、がんばってますね」「毎日見てます、応援してます」といった声が届くようになりました。

これによって社員の態度も徐々に変化していきます。動画が増えるにつれて、1商品に対し複数本の動画があったため、「これらの動画をまとめて、その商品の動画だけを集めた特集ページをつくるといいのでは？」といった提案が社員から出てくるようになりました（プ譜上では黒い矢印で示しています）。

---

**勝利条件**

防災用品を紹介する動画を制作し、単価の低い文具を扱う店というイメージを払拭する

**獲得目標**

動画を自社の通販ビジネスに活用する

---

( EC ) ( 動画制作 ) ( マーケティング ) ( ブランディング ) ( 人材育成 )

## 4-3 中小企業のトップダウン型プロジェクトで売上を向上させたプ譜 第三局面

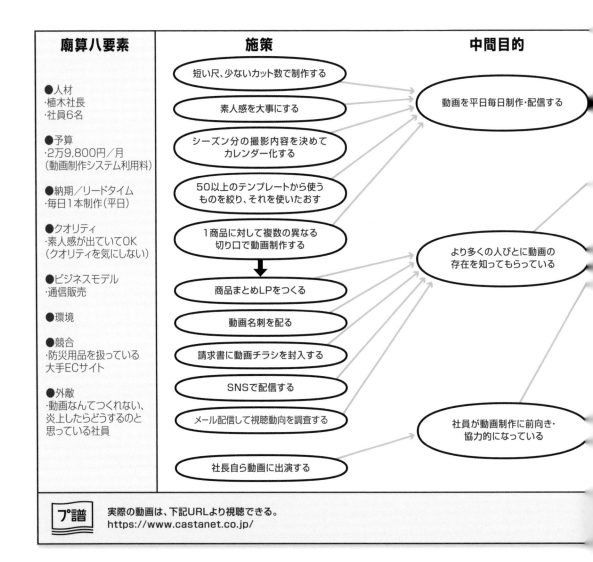

| 廟算八要素 | 施策 | 中間目的 |
|---|---|---|

**廟算八要素**

●人材
・植木社長
・社員6名

●予算
・2万9,800円／月
（動画制作システム利用料）

●納期／リードタイム
・毎日1本制作（平日）

●クオリティ
・素人感が出ていてOK
（クオリティを気にしない）

●ビジネスモデル
・通信販売

●環境

●競合
・防災用品を扱っている
大手ECサイト

●外敵
・動画なんてつくれない、
炎上したらどうするのと
思っている社員

**施策**

短い尺、少ないカット数で制作する

素人感を大事にする

シーズン分の撮影内容を決めてカレンダー化する

50以上のテンプレートから使うものを絞り、それを使いたおす

1商品に対して複数の異なる切り口で動画制作する

商品まとめLPをつくる

動画名刺を配る

請求書に動画チラシを封入する

SNSで配信する

メール配信して視聴動向を調査する

社長自ら動画に出演する

**中間目的**

動画を平日毎日制作・配信する

より多くの人びとに動画の存在を知ってもらっている

社員が動画制作に前向き・協力的になっている

**プ譜** 実際の動画は、下記URLより視聴できる。
https://www.castanet.co.jp/

## 勝利条件

防災用品を紹介する動画を制作
し、単価の低い文具を扱う店と
いうイメージを払拭する

社員のマーケティング能力が
向上する

動画をつくることが
営業企画になる

社員のファンが生まれる

## 獲得目標

動画を自社の通販ビジネス
に活用する

---

### 🏳 第三局面

　さらに、メールで動画を配信してその効果を分析するシステムなど、実行した施策がきっかけとなって新たな効果的な施策を考案し実行する流れが生まれました。

　こうした流れは、当初設定した勝利条件「単価の低い文具を扱う店というイメージを払拭する」以外に、想定外の成果をもたらします。

　いままではメーカーが提供する販促物や資料に書いてあることを、そのままサイトに掲載したりセールストークに活用したりしていましたが、自ら動画を制作することでメーカー視点や売り手視点ではない、ユーザー視点で商品が解決する課題や利用するベネフィットを考えられるようになりました。

　また、動画をつくり続けたことで、出演していた社員のファンが生まれるといった成果ももたらされました。

### 🏳 勘所

　こうして撮りためた動画は数百本を超えました。プ譜では言及しませんでしたが、動画による商品 SEO の向上などが影響し、動画配信開始後、年商が約 1 億円増えています。

　プロジェクトが成功した大きな要因は、プロジェクトの企画者が現場に丸投げせず、自ら目標を実現するために行動・工夫した点にあります。

　その行動が新しい効果的な施策を生む、よいフィードバックループが回ったプロジェクトになりました。

( EC ) ( 動画制作 ) ( マーケティング ) ( ブランディング ) ( 人材育成 )

**8章** プ譜の実例でつかむプロジェクト進行の勘所

135

# 会社勤めをやめ、起業して1年目のプ譜

## 第一局面

| 廟算八要素 | 施策 | 中間目的 |
|---|---|---|

**廟算八要素**

● 人材
・自分だけ（病み上がり）
・住宅ローンあり
・妻と子ども2人あり

● 予算
・これまでの貯金

● 納期／リードタイム
・いますぐ

● クオリティ
――

● ビジネスモデル
・企業向けに研修やワークショップを提供

● 環境
・はじめての起業

● 競合
・なし

● 外敵
・なし

**施策**

- ひたすらプレゼン資料・提案資料をつくりまくる
- 仮説検証する機会を増やす
- 過去の名刺情報を整理したり、新規先をネットリサーチしたりする
- 毎週時間を決めてアタックする
- 行動量とCVRが計測できるようにする
- 結果をもとに改善できるようにする

**中間目的**

- 提供するサービス・商材の強みやメリットが明確化されている
- アタックリストが整備できていて、日々アプローチできている
- KPIマネジメントがぐるぐる回っている

**プ譜**

「新規営業活動をせねばならない」「社会的信用を獲得しなければならない」「一定の活動量に応じたコンバージョン比率をもとに、売上を達成せねばならない」……。常識的な「かくあるべし」というイメージをそのまま成果物として描いて、実現しようと考えた局面。

## 勝利条件

（単月売上100万円の継続）

## 獲得目標

株式会社の設立

### ⚑ 本事例のテーマ

　あるサラリーマンが会社員生活のなかで、体調を崩してしまったことをきっかけに、「やりたいことをやろう、独立して自分の掲げる理想的な仕事や生き方を実現しよう」と一念発起した事例です。

　彼は会社の新規事業や新サービスを数多く手掛けてきた人物ですが、自分で会社を立ち上げるとなると、まったく勝手が違うものでした。

　資本も顧客もないに等しい状態から、どうすれば事業基盤をつくることができるのかを考えていきます。

### ⚑ 第一局面

　起業にあたって、十分な準備期間があったわけではありませんでしたが、周囲の経験者や先輩の助言を頼りに、フリーランスではなくまずは株式会社でやってみようと決めました。

　株式会社とはどんなものなのか、それは長年のサラリーマン生活でよく知っています。業務プロセスがしっかり整備された理想の会社をつくろうと燃えていました。

起業 人生設計 ワーク・ライフ・バランス 事業立ち上げ 新規開拓

# 5-2 会社勤めをやめ、起業して1年目のプ譜
## 第二局面

| 廟算八要素 | 施策 | 中間目的 |
|---|---|---|

**廟算八要素**

● 人材
・自分だけ(病み上がり)
・住宅ローンあり
・妻と子ども2人あり

● 予算
・これまでの貯金

● 納期／リードタイム
・いますぐ

● クオリティ
――

● ビジネスモデル
・企業向けに研修やワークショップを提供

● 環境
・はじめての起業

● 競合
・なし

● 外敵
・なし

**施策**

ひたすらプレゼン〔…〕を作りま〔…〕

仮説検証す〔…〕増や〔…〕

過去の名刺情報を整理したり、新規先をネットリサーチしたりする

毎週時間を決めてアタックする

行動量とCVRが〔…〕ように〔…〕

結果をもとに〔…〕ように〔…〕

**中間目的**

提供するサービス・商材の強みやメリットが明確化されている

アタックリストが〔整備〕できていて、〔…〕できている

KPIマネジメントがぐるぐる回っている

いざやってみると、ターゲット企業像や業界がなかなか定まらない。いろんなところに機会があるように見えて、選択と集中の勇気が出ない

リストはつくったものの、突発的なアポイントも多く、定例の時間をつくるのには失敗した。そしてそもそも、新規開拓アタックは大の苦手だった……

成果が出るにしても出ないにしても、施策が狙い通りになることがない。目の前の商談と納品をこなすのに精一杯で、KPI管理どころじゃない

**プ譜** ウォーターフォール式に、企業とはこういうものであるというイメージで捉えた立ち上げプロセスにおける最大の誤算は、「それを実行する主体が自分1人しかいない」ことだった。やるべきことと掲げた施策が思ったように進捗せず、先行きも見通せない、苦しい序盤を迎えることになった局面。

## 勝利条件

$\bigcirc$ 単月売上100万円の継続

プロセス自体は想定通りいかないが、幸運やさまざまな方のご厚意をいただき、なんとか一定の売上を獲得することには成功した

## 獲得目標

株式会社の設立

---

　会社員として、企業の一員として活動してきたこれまでの世界観では「商材」「顧客」「KPI」の3要素は、所与のものでした。

　これらの概念をもとに会社をつくっていこうと考えていたのは、まさしく「ウォーターフォール的」な計画立案のありかたでした。

　あるべき成果物を定義し、一つひとつ要素に分解して地道に実行していけば、思い描いたことは実現するかもしれません。

　しかし、実行する主体者が自分1人しかいない状況で、しかも体調は万全ではないことがすっぽりと頭の中から抜け落ちていました。

　懸命にアポイントメントをとっては商談し、受注できたら納品する、という基本的な活動はどうにか回すことができたものの、当初考えていたような「業務プロセスがしっかり整備された理想の会社」には程遠い状況になっていました。

　「家族を経済的に困窮させてはいけない」との焦りや不安もあり、達成感や手応えを感じにくい状態が生まれてしまいました。

( 起業 ) ( 人生設計 ) ( ワーク・ライフ・バランス ) ( 事業立ち上げ )
( 新規開拓 )

**8章** プ譜の実例でつかむプロジェクト進行の勘所

# 会社勤めをやめ、起業して１年目のプ譜
## 第三局面

| 廟算八要素 | 施策 | 中間目的 |
|---|---|---|
| ● 人材<br>・自分だけ(だいぶ元気になった)<br>・住宅ローンあり<br>・妻と子ども2人あり<br><br>● 予算<br>・これまでの貯金<br><br>● 納期／リードタイム<br>――<br><br>● クオリティ<br>――<br><br>● ビジネスモデル<br>・企業向けに研修やワークショップを提供<br><br>● 環境<br>・少しだけ動き方がわかってきた<br><br>● 競合<br>・なし<br><br>● 外敵<br>・なし | 自分の内なる感覚に素直に、行動したいと思ったらためらわないようにする<br><br>ピンとこないものは執着せず、手放すことを恐れない<br><br>単月の収支ではなく、ストックを基準に現在状態のヘルスチェックをすることに<br><br>余裕度を常に踏まえながら活動の力点を調整する<br><br>CVR主義ではなく、実際に必要な数で、動いているものを担保する<br><br>全部は決まらない前提、必要な数だけ決めるためのポートフォリオで動く | 「好き」に反応する<br><br>向こう半年の活動資源を留保し続ける<br><br>商談を絶やさないようにする |

| プ譜 | 先入観に縛られた起業観を脱却し、描き直した局面。当初考えていた目標数字やそれを実現する仕組みは、表面的に正しそうに見えても、実は本人の勝利条件を考えると、根拠の乏しいものであった。本当に実現すべきあり方を発見することで、事業の歯車がかみ合い、回転しはじめる。 |
|---|---|

## 勝利条件

できる、やりたい、求められる、
の三拍子が一致している

## 獲得目標

まずは初年度を生き抜く

---

### 🚩 第三局面

　当初の活動がしっくりこず、一体どうすればよいかを模索する中で、いくつか成果を出すことができた案件を振り返ったのが転機となりました。

　必ずそこには「好きに反応する」→「動いてみる」→「思ってもいなかった機会につながる」の小さな循環があることに気づいたのです。

　さらに一歩踏み込み、勝利条件を更新する決断に至りました。そもそも自分が独立したのは、健康を取り戻し、家族の暮らしを守ることが過不足のないマスト条件であったことを思い返したのです。

　そこで「できる、やりたい、求められる、の三拍子が一致している」という勝利条件を掲げました。

### 🚩 勘所

　ウォーターフォール型で起業や新規事業立ち上げをすることの方が正しいこともあります。

　一方で、選択肢が幅広い場合など、業種・業態や状況によっては「成果が生まれる小さな循環」を発見し、それをぐるぐると回して成果を少しずつ増やしていくのも有効であると考えられます。

( 起業 )　( 人生設計 )　( ワーク・ライフ・バランス )　( 事業立ち上げ )
( 新規開拓 )

# プロジェクト未経験者が試行錯誤してイベントを成功させたプ譜 第一局面

| 廟算八要素 | 施策 | 中間目的 |
|---|---|---|

**廟算八要素**

● 人材
・ゼミ生10人
（3年8人、4年2人）
・指導教員（プロジェクト
の内容については未経験）
・協力企業: なし（活動を
通じて獲得）

● 予算
大学からの教育予算
（10万円程度予定）

● 納期／リードタイム
4月〜12月中旬

● クオリティ
計画では学生ができる
範囲（学祭以上を目指す）

● ビジネスモデル
なし

● 環境
初めてのゼミ活動、未経
験での試行。
大学キャンパスのある
国分寺は、日本の宇宙開
発発祥の地としての歴史
あり（翌年に50周年記念
を控える）

● 競合
なし

● 外敵
なし

**施策**

- 企画の領域（宇宙開発や関連ビジネス）について学習する
- 発案者中心に企画書をまとめる（メンバーで手分けして必要情報を収集・整理）
- 協力者の候補リストを作成し、依頼する（メール、訪問）
- 教授会に企画書草稿を提出し活動の許可を得る／広報課の協力を得る
- チームメンバー各人のニーズやスキルなどに応じて暫定的に役割分担する（役割を固定はしない）
- 授業外でも時間を取り、コミュニケーションを密にしながらプロジェクトを進展させる

**中間目的**

- 参加者・協力者にとって魅力的な企画ができ、それを実現するためのよく練られたプランができている
- ステークホルダー（協力を依頼した企業から展示物の提供など）の協力が得られている
- チーム力（チームワーク、知識、モチベーション）が高まり、プランしたことがきちんと遂行されている

プ譜

## 勝利条件

（企画を招聘した本格的な宇宙ビジネスの展示会イベントを学内で開催する）

## 獲得目標

学生向け宇宙ビジネス関連イベントを成功裡に開催する（そのプロセスを通じて各人の学習目標を達成していることも含む）

## 🚩 本事例のテーマ

東京経済大学の藤井博講師のゼミで実践されているプロジェクト学習（Project Based Learning）、通称 PBL は、主体的な学習を実現するための手段として注目されている学習方法です。自分が興味をもったり解決したい課題に遭遇したりしたとき、プロジェクトを興して進めていく力は、これからの時代に必要な能力です。

本事例は、ゼミ活動で行われた実践の一つで、宇宙教育の学内イベントを企画・運営したプロジェクトです。

## 🚩 第一局面

プロジェクトは、宇宙関連事業を行う企業への就活を行っていた学生がリーダーとなって立ち上げました。

当初は、宇宙事業を行う企業に出展してもらう展示会を企画していました。他のメンバーは宇宙関連の知識がほとんどない中、リーダーは率先してイベント協力者との関係づくりのため、JAXA や企業に協力を打診していました。

しかし、なかなか企業からの協力は得られません。企画書の草稿をつくり、イベント開催日が決まっただけで、プロジェクトには早くも行き詰まり感が生まれていました。

開始 3 か月目に入っても協力企業探しは難航。そんな折、JAXA の子ども向け宇宙教育の取り組みを知ったことを契機に、イベント内容を「子ども向けの宇宙飛行士養成セミナー」に切り替え、展示会開催の可能性は残しつつも、獲得目標と勝利条件の変更を行いました。

（大学ゼミ）（教育）（PBL）（イベント開催）（チームビルディング）

**6-2** プロジェクト未経験者が試行錯誤して
イベントを成功させたプ譜 第二局面

| 廟算八要素 | 施策 | 中間目的 |
|---|---|---|

**● 人材**
・ゼミ生7人
（3年生から3人離脱）
テーマに関する知識や
プロジェクトのスキルは
活動を通じて徐々に修得
・指導教員
・協力者: 教材用ブロック
メーカー

**● 予算**
大学からの教育予算
（10万円程度予定）

**● 納期／リードタイム**
12月13日本番

**● クオリティ**
宇宙教育プログラムは
外販できるクオリティを
目指す
設営接客はプロの水準を
目指す

**● ビジネスモデル**
なし

**● 環境**
──

**● 競合**
なし

**● 外敵**
なし

教材のアイデア出し、教材開発
のリサーチや研究を行う

教材やプログラムのプロトタイプ
をつくり、試行する（学生、児童館）

協力者の候補リストを作成し、
依頼する（メール、訪問）

教授会に企画書草稿を提出し
活動の許可を得る／広報課の
協力を得る

チームをプログラム開発、
渉外、設営の3グループに
分けて活動する

LINEを使って進捗状況や
情報をシェアし、教員、メンバー
間のコミュニケーションを図る

小学生が楽しみながら学べる
プログラムが開発されている

ステークホルダー（協力を依頼
した企業から展示物の提供
など）の協力が得られている

忌憚なく話し合い、協力し合い、
プロジェクトを滞りなく推進できる
チームづくりができている

> 積極的に活動している人たちとのコミュニケーションの輪に入っていない学生との間に、認識やモチベーションのギャップが生じていたことに、リーダーは気づいていなかった

> ツールを使ったコミュニケーションの限界。サブチームに分けられたことで効率的に活動ができるようになったが、感情的な溝が生じ、フォローするタイミングを逸してしまった

プ譜

## 🏳 第二局面

　勝利条件変更後、ゴールのイメージが統一化され、やるべきことが明確になり、チームの活動量が増えていきました。

　リーダーはJAXA認定SER（スペースエデュケーションリーダー）の資格を取得するなど、子ども向けイベントを開催するための下地ができ、説得力も増したことで、初の協力企業（教材開発用のブロックの提供）を得ることができました。

　その一方、実施可能性を残していた展示会イベント企画グループは出展協力企業がなかなか決まらず、やるべきことが明確になって軌道に乗り始めた教育プログラム開発グループとの間に温度差が生じてきていました。

　鋭意プログラム開発を進めていた時期、展示会イベント企画グループのメンバーからリーダーに対する不満と非難のコメントが入りました。

　上級生のメンバーが仲立ちをし、指導教員も引き止め策を講じましたが、メンバー3人が離脱してしまうことになりました。

　仲間の離脱は大きな痛手でしたが、リーダーはこの事態をきっかけにコミュニケーションや情報共有の方法を変え、暗礁に乗り上げかけたチームの危機を乗り越える活動を行いました。

　また、イベント設営のためのボランティアメンバーを募るなど、チーム体制を再び整えました。

---

### 勝利条件

企業の協力を得て、学生運営の
小学生向け宇宙開発の展示会と
ワークショップを開催し、多くの
参加者がある

### 獲得目標

小学生が楽しみながら学べ
る宇宙教育イベントを成功さ
せる（学生にとって成長の機
会のある活動になっている）

---

( 大学ゼミ )　( 教育 )　( PBL )　( イベント開催 )　( チームビルディング )

## 6-3 プロジェクト未経験者が試行錯誤して イベントを成功させたプ譜 第三局面

| 廟算八要素 | 施策 | 中間目的 |
|---|---|---|

### 廟算八要素

● 人材
・ゼミ生7人
（3年生から3人離脱）
・ボランティア学生9人
・指導教員
（※自律的にプロジェクト
を進めるチーム力が培わ
れる）
・協力者：教材用ブロック
メーカー、宇宙関連の
建設、製薬、玩具、小説家、
自治体など

● 予算
大学からの教育予算
（30万円に増額）

● 納期／リードタイム
12月13日本番

● クオリティ
宇宙教育プログラムは
外販できるクオリティを
目指す
設営接客はプロの水準を
目指す

● ビジネスモデル
なし

● 環境
大学や協力企業の線を
得られる状況になる

● 競合
なし

● 外敵
なし

### 施策

- 教材のアイデア出し、教材開発のリサーチや研究を行う
- トライアルをふまえて、教材、プログラムを修正し、トライアルを繰り返す
- 協力者の候補リストを作成し、依頼する（メール、訪問）
- チラシやポスターを作成する（児童館や近隣の子供のいる家庭に配布）
- 予算増額を依頼する広報課にイベントPRの可能性を探ってもらう
- プログラム開発、渉外、設営の活動を精鋭化させる
- 教員、元メンバー、ボランティアメンバーとが垣根を越えて共創的に活動する

### 中間目的

- 小学生が楽しみながら学べる宇宙教育プログラムが開発されている（商品化できる完成度を目指す）
- 企業との関係づくりができ、その結果として、宇宙開発の歴史を網羅できる展示物を入手・準備できている
- 集客のための効果的なPRが行われている
- 学生気分ではなくプロ意識で催しの設営運営が行われている（抜かりない準備と本番のホスピタリティ）
- 内向きにならず、プロジェクトの成功にフォーカスしてやり遂げるチームになっている

プ譜

146

## 🚩 第三局面

　獲得目標と勝利条件の変更以降、少しずつ好感触を得ていた協力企業探しは、対人コミュニケーションに秀で、達成意欲の高い上級生に同伴してもらうことで、成果が現れました。

　飲料メーカーからのドリンク提供、ロケット製造企業からのロケットパネル提供、玩具メーカーからのプラネタリウム提供、小説家からの応援メッセージなど、続々と協力が得られるようになりました。

　イベント前日まで修正を重ねたプログラムは大好評で、翌日の新聞にも掲載されました。

## 🚩 勘所

　学生たちは紆余曲折を経ながらプロジェクトを進めるプロセスの中で、多くの学びを得ていきました。活動の多くは学生にとって初めての経験です。

　うまくいかなかったことが、何かの契機でうまくいくようになっていく。失敗が続くとくじけそうになるが、そこを踏みとどまりがんばることで次につながる。最初うまくできなかったことが続けているうちにできるようになり、より高い水準でできるようになる。想定外のことや新しい試みが発生すると、これも何かの機会だと考えて取り組んでみる。

　このような積み重ねが新たな展開をよび、自分たちの活動を通じて創発的な学びの経験を生み出していきました。

---

### 勝利条件

企業や人びとの協力を得て、小学生が楽しみながら学べる宇宙教育イベント（宇宙開発の展示会とワークショップ）を成功させる（それが、関与した人たちにとって学びと成長の機会のある活動になっている）

😊
イベント当日は朝日新聞社が取材に訪れ、翌朝刊（関東版）に紹介される

### 獲得目標

関わった人びとのポテンシャルと魅力を引き出し、このイベントに携われて良かったと心から感じられるような活動を行う
その成果物としてのプログラムと活動記録を残す

---

( 大学ゼミ ) ( 教育 ) ( PBL ) ( イベント開催 ) ( チームビルディング )

# 見切り発車のプロジェクトで
# メンバーが結束していったプ譜 第一局面

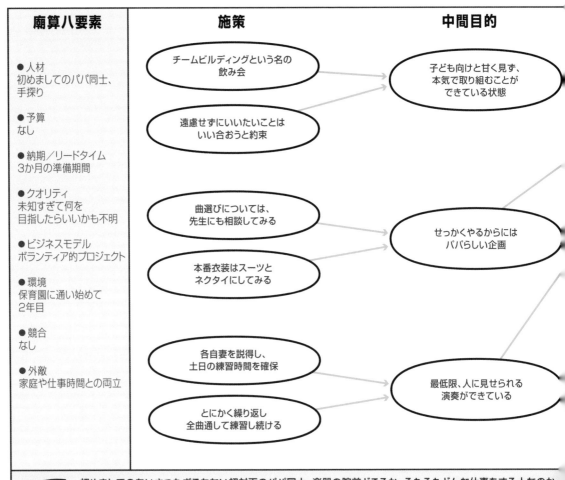

| 廟算八要素 | 施策 | 中間目的 |
|---|---|---|

**廟算八要素**

● 人材
初めましてのパパ同士、
手探り

● 予算
なし

● 納期／リードタイム
3か月の準備期間

● クオリティ
未知すぎて何を
目指したらいいかも不明

● ビジネスモデル
ボランティア的プロジェクト

● 環境
保育園に通い始めて
2年目

● 競合
なし

● 外敵
家庭や仕事時間との両立

**施策**

チームビルディングという名の
飲み会

遠慮せずにいいたいことは
いい合おうと約束

曲選びについては、
先生にも相談してみる

本番衣装はスーツと
ネクタイにしてみる

各自妻を説得し、
土日の練習時間を確保

とにかく繰り返し
全曲通して練習し続ける

**中間目的**

子ども向けと甘く見ず、
本気で取り組むことが
できている状態

せっかくやるからには
パパらしい企画

最低限、人に見せられる
演奏ができている

**プ譜** 初めましてのあいさつもぎこちない初対面のパパ同士。楽器の腕前どころか、そもそもどんな仕事をする人なのかも互いに知らないまま、完全に手探り状態でコンサートの準備は始まることとなった。何度かの打ち合わせを経て「とりあえずの形」として描かれたのが、この局面。

## 勝利条件

> 子どもたちに
> 笑顔になってもらう

## 獲得目標

保育園の0〜3歳児クラスの
子どもたちに、コンサートを
開催する

## 🚩 本事例のテーマ

地域活動やボランティアなどの場で、「実行しようとしている企画の概要はあるが、具体的にどうするかがあいまい」「知識やスキルが不足している」「動機や時間が不十分なメンバーを巻き込まなければならない」といった課題に直面することがしばしばあります。

職場のプロジェクトとは異なり、強制力の働かない中での人の巻き込みは、難易度の高いマネジメントテーマの一つです。

本事例では、見切り発車のプロジェクトでありながら、的確な勝利条件の表現がプロジェクトの自律的発展を促す様子をみていきます。

## 🚩 第一局面

ある日、子どもが通う保育園の保護者会で1人のパパが「楽器の経験がある」と自己紹介をしたことがきっかけで、園長先生から「子どもたちのためにコンサートを開催してほしい」とのオファーを受けました。

第一子に女の子をもつパパたち5人が集まり、子どもたちのためにコンサートを開催するプロジェクトが始まりました（バンド名：papafrutas）。

( ボランティア ) ( 保育園 ) ( 地域コミュニティ )
( 自発型プロジェクト ) ( チームの方向性を決める合言葉 )

## 7-2 見切り発車のプロジェクトで メンバーが結束していったプ譜 第二局面

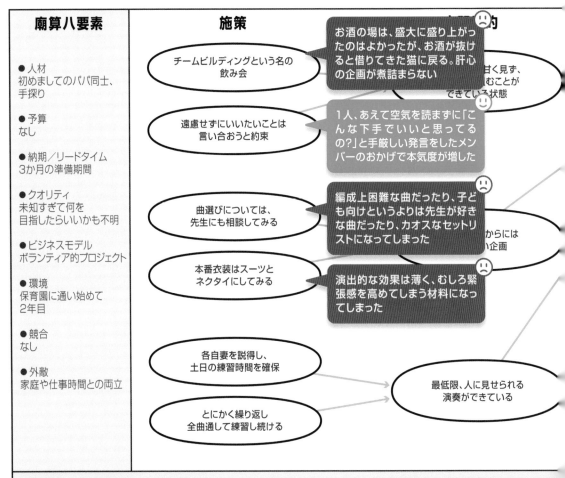

| 廟算八要素 | 施策 | |
|---|---|---|
| **● 人材**<br>初めましてのパパ同士、手探り | チームビルディングという名の飲み会 | お酒の場は、盛大に盛り上がったのはよかったが、お酒が抜けると借りてきた猫に戻る。肝心の企画が煮詰まらない |
| **● 予算**<br>なし | 遠慮せずにいいたいことは言い合おうと約束 | 1人、あえて空気を読まずに「こんな下手でいいと思ってるの?」と手厳しい発言をしたメンバーのおかげで本気度が増した |
| **● 納期／リードタイム**<br>3か月の準備期間 | | |
| **● クオリティ**<br>未知すぎて何を目指したらいいかも不明 | 曲選びについては、先生にも相談してみる | 編成上困難な曲だったり、子ども向けというよりは先生が好きな曲だったり、カオスなセットリストになってしまった |
| **● ビジネスモデル**<br>ボランティア的プロジェクト | 本番衣装はスーツとネクタイにしてみる | 演出的な効果は薄く、むしろ緊張感を高めてしまう材料になってしまった |
| **● 環境**<br>保育園に通い始めて2年目 | | |
| **● 競合**<br>なし | 各自妻を説得し、土日の練習時間を確保 | 最低限、人に見せられる演奏ができている |
| **● 外敵**<br>家庭や仕事時間との両立 | とにかく繰り返し全曲通して練習し続ける | |

**プ譜** 案の定というべきか、演奏技術はいまいちで、公演としてもとっちらかった本番だった。それにもかかわらず、「パパたちがとにかく一生懸命に頑張る姿」が先生方にも家族にも好評を博して、翌年以降も出演オファーをいただくようになった。

## 🏳 第二局面

　地域活動やボランティア活動でしばしば発生するのが、「とにかく人は集まりはしたけれども、目的やゴールがあいまいで、能力ややる気が十分ではない」状況です。

　本事例も同様に、楽器演奏に覚えがある人はほとんどおらず、企画も方向性も定まらず、ともすると空中分解してしまいそうな序盤でした。

　しかし、偶然にもチームの方向性を決める合言葉が自然に生まれた瞬間がありました。

　それは「下手でもいいから、一生懸命やれば、子どもたちに笑顔になってもらえるはず」というものです。これは、すんなりと全メンバーが受け入れられる考え方でした。

　この勝利条件の認識が功を奏し、コンサートも無事に開催できました。そして、関係者から大変喜ばれる毎年の定番企画となりました。

### 勝利条件

子どもたちに
笑顔になってもらう

😊
演奏会の当日は、日常の仕事では経験しないような強い緊張感とともに幕を開けた。
ぎこちないながらも一生懸命に舞台を務め上げ、子どもたちにも先生方にも喜ばれるイベントが実現できた

### 獲得目標

保育園の0～3歳児クラスの子どもたちに、コンサートを開催する

ボランティア　保育園　地域コミュニティ
自発型プロジェクト　チームの方向性を決める合言葉

## 7-3 見切り発車のプロジェクトで メンバーが結束していったプ譜 第三局面

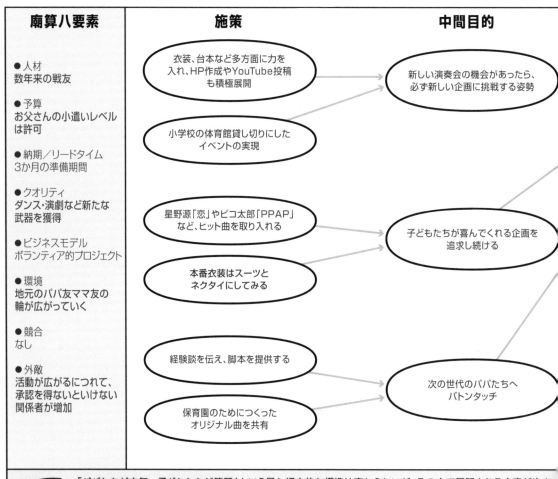

### 廟算八要素

● 人材
数年来の戦友

● 予算
お父さんの小遣いレベル
は許可

● 納期／リードタイム
3か月の準備期間

● クオリティ
ダンス・演劇など新たな
武器を獲得

● ビジネスモデル
ボランティア的プロジェクト

● 環境
地元のパパ友ママ友の
輪が広がっていく

● 競合
なし

● 外敵
活動が広がるにつれて、
承認を得ないといけない
関係者が増加

### 施策

衣装、台本など多方面に力を
入れ、HP作成やYouTube投稿
も積極展開

小学校の体育館貸し切りにした
イベントの実現

星野源「恋」やピコ太郎「PPAP」
など、ヒット曲を取り入れる

本番衣装はスーツと
ネクタイにしてみる

経験談を伝え、脚本を提供する

保育園のためにつくった
オリジナル曲を共有

### 中間目的

新しい演奏会の機会があったら、
必ず新しい企画に挑戦する姿勢

子どもたちが喜んでくれる企画を
追求し続ける

次の世代のパパたちへ
バトンタッチ

**プ譜** 「パパたちが本気→子どもたちが笑顔」という最も根本的な構造は変わらないが、その中で展開される内容が次々と高度化していく流れができた状況を描いたのがこちらの局面。
獲得目標が、当初は単発の演奏会企画だったのが、地域活動の仕組みづくりへと進化している。

## 勝利条件

子どもたちに
笑顔になってもらう

## 獲得目標

パパやママ同士の地域交流
のきっかけとなるバンド活動
企画を、一過性にせずに、継
続させる仕組みや仕掛けづ
くり

### 🚩 第三局面

園児のパパがバンドを組む企画が定番化して数年の時が流れる中で、演劇仕立てにするために台本を書いてみるとか、やったことのないダンスに挑戦するとか、小さいながらも新たな挑戦が積み上げられていきました。

目標から逆算して引き算していくプロジェクトではなく、本筋に乗るものを足し算していく。それが次の成果につながり、意欲もスキルも磨かれる。その循環により、プロジェクトを発展させる自然な流れが生まれていました。

最終的には、オリジナルでつくった曲が先生方や園児に気に入られて、卒園お祝い会で毎年合唱してくれるようになったのでした。

### 🚩 勘所

もし最初から WBS 式プロジェクトマネジメントで、あらかじめ決めた役割や目標にもとづいて進めていたら、こうはならなかったでしょう。

優れた形で勝利条件を表現する。その実現のためなら何をやってもかまわない、創意工夫を歓迎する、という文化をつくり出す。プロジェクトメンバーのポテンシャルが開花するヒントが、ここにあると思います。

ボランティア　保育園　地域コミュニティ
自発型プロジェクト　チームの方向性を決める合言葉

# 小学1年生でもプ譜は書ける

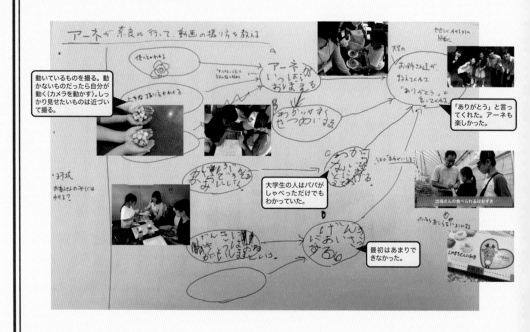

プ譜は決して難しいものではなく、小学1年生でも書くことができます。筆者はときどき地方に出向いて動画の撮り方を教えるワークショップを行っています。奈良県で大学生に向けて行ったワークショップに当時小学1年生の娘を連れていくことになり、彼女も「私も動画を教えたい」と言い出しました。

　それはいいプロジェクトになりそうだね、と2人でプ譜をつくりました。このプ譜は第一局面で仮説を書き、ワークショップ中に撮影した写真を貼りながら、2人で振り返りを行った第二局面のプ譜です。

　筆者は講師として「1グループ1本以上の動画を撮る」という定量的な勝利条件を出しました。一方彼女は「大学のお姉さんが『ありがとう』といってくれたら」という定性的な勝利条件を出しました。

　また、勝利条件を決めて以降、「参加者は小学生に教えてもらうとは思っていないだろうから、手を挙げて『わかりません』といわれる前に、わかっているかどうかを自分が見に行くべき」という中間目的も見いだしました。結果、お姉さんに「ありがとう」といってもらえました。

　プ譜がプロジェクト進行の本質を押さえているからこそ、導かれた行動と結果だと思います。

# 9章
# プロジェクト進行を越えた
# プ譜の応用方法

応用編

プロジェクト進行の技術が身につく本

ここまでプロジェクト進行の技術を身につけることを目的として、プロジェクトの基礎知識、落とし穴と回避策、プ譜の書き方、プ譜の実践方法を解説してきました。

最後に本章ではプロジェクト進行にとどまらない、ビジネスのさまざまな現場で役立つプ譜の応用方法を紹介します。紙1枚で2度以上おいしいプ譜の知られざる使い方です。

**1** チームメンバーの主体性を促す

**2** 部門による縦割りの壁を越える

**3** 顧客の成功の勝ち筋を見いだす

**4** 顧客の頭の中をその場で整理する

**5** 会議の効率と価値を上げる

**6** マネージャーの知見を継承する

**7** プロジェクト初期に予算を獲得する

# 1 チームメンバーの主体性を促す

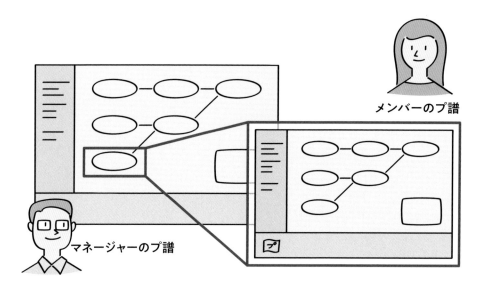

メンバーのプ譜

マネージャーのプ譜

🚩 **課題：どうすればメンバーが目的意識をもち、主体的に動けるようになるか？**

　経営者にせよマネージャーにせよ、組織のメンバーに対して「主体的に動いてもらいたい」と思う人は少なくないでしょう。

　管理者がいちいち指示を出さなくても、メンバーが自ら課題を発見して行動してもらうために、「目的意識をもってもらうにはどうすればよいか？」という悩みを管理者からよく聞きます。

　メールマーケティングを支援するある IT ベンチャー企業では、四半期ごとに社として立てる目標とは別に、各メンバーが期初に自分なりの目標を立てて業務に取り組み、期末時にその成果を発表していました。

　しかし、期初から期末までの間のプロセスに関しては各メンバーに任されており、マネージャーはほぼノータッチだったため、このプロセスを見える化するためにプ譜を導入しました。

## 🚩 使い方：マネージャーが全体のプ譜を書き、メンバーが個々のプ譜を書く

まず、マネージャーが「顧客単価を 1,000 円アップさせる」などの獲得目標を設定し、そのための勝利条件、中間目的、個々の施策を書きます。

一方、個々の施策を担当するメンバーは、それぞれの施策の成功を獲得目標としたプ譜を書きます。個々のメンバーのプ譜が「部分」となり、マネージャーのプ譜が「全体」を表す入れ子構造になっています。

プ譜は Google スライドで製作し、マネージャーの施策部分に各メンバーが担当するプ譜へのリンクを張ります。すると、**全体の目標の中で、自分の仕事がどのように位置づけられているかを把握することができるようになります。**

また、自分が担当する施策をどのように成功させるのかを、マネージャーから指示されるのではなく自分でプ譜を書くことで、仕事の自分ごと化が図れます。そして、期初と期末の年に 2 回の共有から、プ譜で月に 1 回共有することにしました。

## 🚩 成果：全体の目標に対し、自分の仕事の位置づけと責任が明確になる

この結果、次のような変化と成果がありました。

・各メンバーが目標に対して、何を行えばよいかがわかりやすくなった
・自分の行動を定期的に振り返ることができるようになった
・自分の目標が他者の目標とどうつながっているかがわかるので、他者のプロジェクトに対して、意見・アドバイスができるようになった
・常に大きな目標から振り返ることができるので、メンバーのプロジェクトでうまくいっていないときや判断に迷うときは、マネージャーが手助けできるようになった（例：全体の目標からは逸れているのでこれはいま取り組まなくていい、といった意思決定の手助け）。

**振り返りは学習を促進する重要な手段です。**個々のメンバーの成長を促すうえでも、ぜひ一人ひとりがプ譜をもつことを試してみてください。

> **POINT**
>
> 一人ひとりがプ譜をもち、全体的な目標とのつながり・責任を意識する

## 2 部門による縦割りの壁を越える

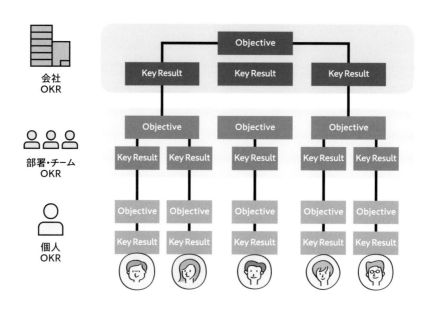

🚩 **課題：どうすれば分業化による部門間の壁をなくせるか？**

業務効率化や成果向上のため、さまざまな分野で分業化が進んでいます。分業化には利点もありますが弊害もあります。

**個々の部門が自分たちの目標だけを気にして追いかけていると、全体の目標から離れていったり、部門間で協力しなくなったりするようになるのです。**

たとえば、マーケティング部門が見込客の数を増やしても自社商品と相性のよい見込客でなかったり、見込客の課題のヒアリングが十分でなかったりすれば、営業部門に見込客を渡したときに受注する可能性やスピードが低くなってしまいます。

こうした分業化の弊害を乗り越え、部門が独立した目標を追いながらも組織としての全体的な目標を達成するために、営業支援を行う株式会社セレブリックスでは OKR（Objectives and Key Results）を取り入れてプ譜を活用することにしました。

OKR とは達成目標（Objectives）と主要な成果（Key Results）をリンクさせ、組織・

個人の方向性とタスクを明確にする目標管理方法の一つです。

## ⚑ 使い方：最終的な共通の勝利条件をプ譜に書き、各部門が行動する

　同社では自社のブランディングプロジェクトにおいて、まず部門全体の統括責任者が勝利条件を掲げ、それをこのプロジェクトに関わる営業、マーケティング、採用など各部門マネージャーに示しました。

　次に、マネージャーたちはそれを受けて自分たちの部門の勝利条件と中間目的を定めたプ譜を書きます。

　そしてそれを自分の部門のメンバーに説明し、個々のメンバーが具体的な施策を考え実行していきました。

　**会社としてのOKRが部門・チームとしてのOKRにつながり、さらに個人としてのOKRにひもづく構造**になっています。

## ⚑ 成果：部門間の活動が有機的に全体目標とつながり、個々の総和を超える

　この結果、各部門が**「行っている業務は違えど、全体的な目標に向かってつながっている」意識をもてる**ようになりました。

　これにより、直接的につながりのある部門間では、相手の部門がより良い成果を出せるための仕事ができるようになっていきました。

　また、常に最終的な目標からやるべきことを逆算することで、本質から外れた定量的な指標を追いかけてしまうことも回避できています。

　さらに、単独の部門では評価が難しかった品質管理などの業務も、他部門への貢献・影響度で評価ができるようになってきました。

　分業化によって目標を見失ってしまう弊害を、プ譜を活用することで回避し、より良い効果を出すことができるようになります。

POINT

共通のプ譜で勝利条件を共有することで、組織が連携して一つのチームになる

# 3 顧客の成功の勝ち筋を見いだす

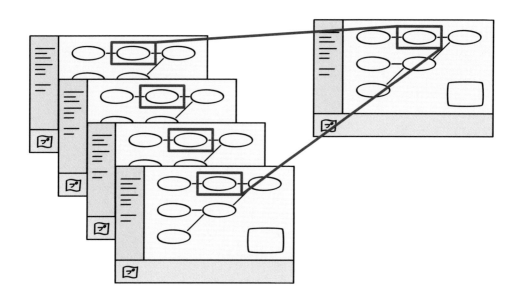

## ⚑ 課題：どうすれば顧客が喜ぶ提案を、説得力をもって示せるようになるか？

　SaaS（Software as a Service：必要な機能を必要な分だけサービスとして利用できる<ruby>サース<rt></rt></ruby>ソフトウェア等）には、どんな顧客に対しても「操作方法さえマスターすれば、必ず課題を解決できる」ような製品はなかなかありません。利用する担当者のリテラシーや組織体制などによって最適な運用方法が変わり、結果も変わってくるからです。そのため、**一社一社の状況に応じた手厚いサポート（カスタマーサクセス）が求められます。**

　しかし、手厚いサポートを行っても利益の出るビジネスモデルでない限り、サポートは続けられません。そこで、製品を使って成功を収めた事例のインタビュー記事などを顧客に提供するのですが、長文では理解しづらかったり、「それはその会社だからできたのでしょう」と事例の普遍性を示すことができなかったりすることがあります。

　こうした課題に対して、プ譜を使って成功するための「あるべき状態」を見つけ出し、その状態から普遍的な成功パターンをつくったある SaaS ベンダーの実例を紹介します。

## ⚑ 使い方：多様な顧客の成功事例をプ譜で書き出し、パターンを可視化する

まず、自社製品を使用して、課題解決・目標達成に成功している企業にヒアリングを行います。ヒアリングの際にプ譜を持参し、プ譜のフォーマットに則って、顧客が自社製品を導入して成し遂げたかったこと（獲得目標）と勝利条件を聞き出します。

次に自社製品を使ったプロジェクトを進めるうえで、どんな「あるべき状態」（中間目的）をつくり出せば、勝利条件を実現できると考えたかを質問します。

プ譜の用語を知らない顧客には、用語の説明をしながら答えてもらいます。インタビュアーが担当した案件は、「こういう状態になってから、うまく進み出しましたよね」といったことを思い出しながら、中間目的を見つけ出していきます。

このプ譜の使い方は、8章で紹介した動画活用のプ譜を見ていただくとよりわかりやすくなります（→8-4節）。たとえば、動画を活用して企業イメージをよくしたい企業があるとします。このとき、いきなり他社が行った施策をまねするのではなく、同社がつくり出した中間目的を、普遍性のある成功のパターンとして提示するのです。

動画活用の実例では、予算の都合上、制作した動画を広告配信する施策を打てませんでしたが、予算がある企業なら広告配信の施策がありえます。社長がどうしても動画に出演できない場合は、なんらかのインセンティブを社員に提示する施策も考えられます。

つまり、いきなり施策に飛びつくと、状況によってその施策を打てる企業と打てない企業があり、「それはうちではできない」で終わってしまいますが、**中間目的を提示すれば、「わが社ならこうする・こうできる」**と現実的な施策を考えることができるのです。

## ⚑ 成果：プ譜1枚で示すことで、成功のプロセスをイメージしやすくする

複数の成功顧客のプ譜を収集した後、営業の現場でプ譜を提示するようにしました。これにより、**見込客がサービス導入後の進め方の具体的なイメージをもちやすくなる**効果が生まれました。こうしたプ譜の活用は、どのようなツールベンダーにも適用できます。自社製品の成功パターンを抽出する際にぜひ活用してみてください。

> **POINT**
>
> 成功した複数のプ譜から、普遍的な「あるべき状態」を見つけ出す

## 4  顧客の頭の中をその場で整理する

### ⚑ 課題：どうすれば顧客の要望を整理できるか？

　顧客が自分の課題を明確に認識し、その解決のためのツールとして製品を導入し、どのように使っていくかイメージをもてている——。これは製品を提供する企業にとって、とても理想的なケースですが、こんなことは滅多にありません。

　多くの場合、顧客の担当者は上司からなんらかの課題を与えられています。「こんなことをしたい」という要望と、予算やスケジュールといった条件や環境などの制約との間で、何をどうやればやりたいことが実現できるのかがよくわからないまま、ネットで検索したり、展示会に行ったりして、自分を助けてくれそうな企業を探しています。

　そこへ営業担当者がヒアリングに赴くと、**顧客の要望と制約が入り混じった状態の話を聞くことになります**。「やりたいこと」「できること」「できないこと」の線引きをうまくできないまま仕事を受けてしまうと、できあがった成果物を見た顧客から、「こんなものを望んでいたのではない」といったクレームを受けることになります。

## ⚑ 使い方：初回の打合せの場でプ譜を書き、要件定義してしまう

このような問題を避けるには、営業の現場で顧客と一緒にプ譜をつくります。まず、顧客の「やりたいこと」を獲得目標と勝利条件に分けてヒアリングします。多くの場合顧客は、「やりたいこと」と「やらねばいけないこと」だけが課されていて、それがどうなったら成功といえるか（勝利条件）を把握できていません。

そこで、担当者に「どうなったら成功といえますか？」と質問をします。ここで出てくる勝利条件はまだ担当者レベルの勝利条件のため、これは確定のものではなく、あくまで今日の打合せにおける仮のプランであることを担当者に伝えます。ここで決め切ってしまうと担当者の逃げ道がなくなってしまうからです。

**プ譜をつくって仮のプランを作成し、それを担当者が社内で検討しやすくしてあげることが、ここでつくるプ譜の目的です。**

勝利条件は複数出てくることがあります。その場合は、「どの勝利条件の優先順位が最も高いのか？」「一つ目の勝利条件を実現したあとに次の勝利条件の実現を目指す、というようにフェーズを切ることができるか？」といったことを聞きましょう。

そうして勝利条件を一つに絞ることができたら、中間目的→施策→廟算八要素の順番でプ譜をつくっていきます。ポイントは廟算八要素です。勝利条件からつくったプ譜で実施するにあたり、所与のリソースではどうしても実行できない施策が出てきます。

こうした制約は、予算の追加や納期の延長などによって乗り越えることができます。

## ⚑ 成果：顧客の頭の中に具体的な進め方のイメージを描かせる

顧客と相談しながらつくったプ譜と、勝利条件の優先順位や制約への対応など顧客に意思決定してほしいことを、リストにして渡してあげましょう。何を意思決定すればよいかが明確になり、顧客が社内で議論をしやすくなります。

このように**プロジェクトの進め方のイメージを顧客とともにつくっておけば、実際に仕事を受けたあとも、進め方がスムーズになります。**

> **POINT**
>
> 営業の現場で顧客とともにプ譜を書き、顧客を助ける

# 5 会議の効率と価値を上げる

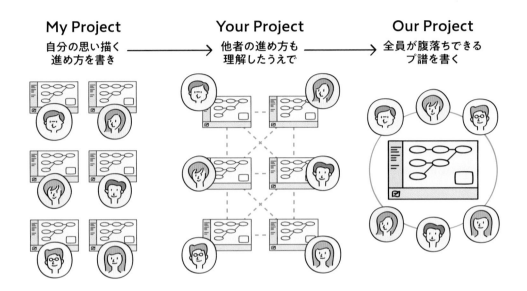

**My Project**
自分の思い描く
進め方を書き

**Your Project**
他者の進め方も
理解したうえで

**Our Project**
全員が腹落ちできる
プ譜を書く

🚩 **課題：どうすれば着地点のわからない会議をなくせるか？**

　プロジェクトに会議はつきものです。プロジェクトのキックオフであれば、目標に向かって誰が、何を、いつ行うのかを決めます。プロジェクトを始めたあとであれば、決めたことを実行した結果を報告し、それを受けてどのように対応するかを決めます。たったこれだけのことが、なぜかうまくいきません。

　会議を始めてみると、声の大きい人の意見やアイデアに左右され、当初の目的から議論がどんどん離れていってしまうことがあります。個々の報告が始まると議論が各論に陥ってしまい、時間が足りなくなることもあります。議論できなかったものは次回の会議まで持ち越し、なんていうことも少なくありません。

　さらに、一つの議題が長引くと、あちこちで"内職"が始まることもあるでしょう。最終的に、誰も決定すべきことを決定せず、いま自分たちが目標に対してどのような状態になっているのかを把握できなくなってしまいます。

## ⚑ 使い方：一人ひとりのアイデアを取り込んで、共通のプ譜をつくり上げる

こうした問題はプ譜を使用することで解決できます。ここでは、キックオフでの使用方法を説明します。次の 3 つの手順で進めてください。

① 一人ひとりの進め方を外在化する「My Project」をつくる

② 他者の進め方を知り、他者を理解する「Your Project」をつくる

③ 全員の合意を経て、進め方のイメージを統一する「Our Project」をつくる

まず「My Project」として、個々の考えるプロジェクトの進め方をプ譜に書きます。

次に「Your Project」として 2 〜 3 人のグループをつくり、互いのプ譜を説明し合い、相互のイメージを共有します。ここで、よりよい勝利条件や中間目的の表現をグループごとに見つけ、グループで統一されたプ譜をつくります。

最後に「Our Project」としてグループごとのプ譜を出し合い、全員が最も納得のいくプ譜をつくり上げます。

このときに大事なことは、プ譜をプロジェクタや大きな紙などで掲示し、**全員が勝利条件を見えるようにすること**です。一見よいアイデアのように見える施策も、勝利条件と結びつかない施策だと気づくこともあります。また、声の大きい人がいても「それは勝利条件につながるか？」という視点で対処ができるようになります。

## ⚑ 成果：誰が、何を、いつ行うのかが明確になる

こうしてつくったプ譜の中間目的や施策に担当者をつければ、**誰が、どんな目標のために、どんな施策を、いつ行うのかがよくわかる**ようになります。またプロジェクト開始後の会議でも、個々の報告は常に勝利条件から逆算して考えることで、その施策をそのまま続けてよいか、中止した方がよいかといった判断がしやすくなります。

こうしてプロジェクトを進めながら記録していくため、議事録としての機能も果たすことになります（→ 4 - 5 節）。

> **POINT**
>
> 一人ひとりのプ譜から合意形成し、全員の腑に落ちる共通のプ譜をつくる

## 6 マネージャーの知見を継承する

⚑ **課題：どうすれば優秀なマネージャーの経験や知識を継承できるか？**

　世の中の多くの仕事にはマニュアルがあります。マニュアルとは「この通りにやれば失敗しない」手順が確立されたものです。一方、「やってみる前に、何をしたらどんな結果が得られるかが、わからない活動」であるプロジェクトには、マニュアルは存在しません。

　企業には優秀なプロジェクトマネージャーが存在しますが、彼らが同僚や後輩に残すことができるものの多くは、プロジェクト開始前の企画書や議事録、各種の文書くらいしかありません。

　しかし、プロジェクトが当初の計画から容易に変化していくことから、計画書と成果物があっても、**最終的な結果との間にどのような変遷があり、それに対してどんな意思決定が行われてきたのか、といったプロセスを読み取ることができません。**

　プロセスの記録といえば議事録くらいで、それもテキストでしか存在しないことから、そこから第三者が何かを学び取るのは困難です。

## ⚑ 使い方：過去のプロジェクトをプ譜に書き起こして共有する

あるマーケティング支援会社では、従来は企画書と議事録しか残していませんでしたが、**優秀なマネージャーの知見を組織で共有する**ために、過去のプロジェクトを担当したマネージャーからヒアリングしてプ譜に書き起こすことにしました。

終了したプロジェクトを振り返るインタビューを行うときの手順は次の通りです。

① 当初の目標と廟算八要素を確認する
② 当初定めた勝利条件らしいもの、中間目的らしいものを確認する
   （聞き方の例：「どうなったら成功といえると考えていましたか？」「そのためにつくるべき状態、変えるべき状態にはどんなものがあったと思いますか？」）
③ 上記までを第一局面とし、その結果起きたことを吹き出しで追記し、第二局面とする
④ 第二局面の状況をふまえ、どのよう対策を行ったかを第三局面として書き起こす
⑤ 以後、上記 ③ と ④ をプロジェクトの終了まで繰り返す

このようにヒアリングを進めてプ譜に書き起こすと、6 章で紹介したようなプ譜の総覧ができあがります （→ 6-7 節）。

## ⚑ 成果：プロジェクトを疑似体験し、経験を積むことができる

プ譜の総覧を使うことで、マネージャーがプロジェクトの振り返りを社内で行う際、プロジェクトにどのような問題が起こり、それに対してどのように対処したかといったことが、全体像を把握しながら時系列で説明しやすくなりました。

なぜこのプロジェクトが成功したのか、あるいは失敗したのかという本質的な理由を、他のメンバーが理解する助けになるばかりでなく、新たなプロジェクトに挑む際の参照物にもなります。

こうしたプ譜の活用は、**プロジェクトに新しく異動してきたり、参画を指命されたりしたメンバーに対するプロジェクトの理念や経緯の共有**にも役立てられています。

> **POINT**
>
> プロジェクトをプ譜に書き起こし、組織の資産にする

# 7　プロジェクト初期に予算を獲得する

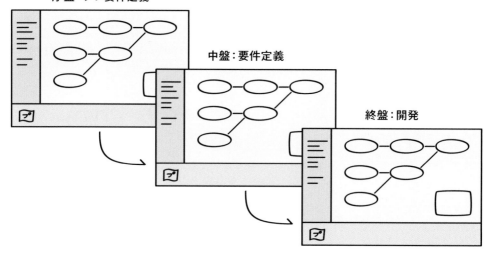

序盤：プレ要件定義

中盤：要件定義

終盤：開発

## 🚩 課題：どうすればプロジェクトの初期から十分な予算を得られるか？

つくるべき成果物の具体像が見えていないプロジェクトの序盤では、何をどう進めれば
よいかがよくわかりません。とはいえ、着手したあとで前提条件がひっくり返ったり、炎
上したりすることは誰も望むところではありません。

とくに、顧客の要望にもとづきゼロからオーダーメイドで開発を行うスクラッチ開発の
IT プロジェクトの商談や提案段階では、こうしたリスクがつきまといます。これを整理す
ると、顧客とベンダーそれぞれの主張は次のようなものに集約されます。

顧客「成功の確約がないと予算が承認されず、費用が出ません」
ベンダー「まずは費用を出してくれないと要件定義も実施できず、見積りも出せません」

「鶏が先か、卵が先か」というジレンマです。商談の時点で「エイヤ」と提示した内容が、
後々お互いのイメージのズレを引き起こしてしまうトラブルは枚挙にいとまがありません。

## ⚑ 使い方：序盤、中盤、終盤の３枚のプ譜を用意する

そこで、筆者が考案したのが「プレ要件定義」とよぶフェーズです。実際に費用が発生する前の段階で、プ譜を使って要件定義の成功が見通せる状況を整え、全体的な進行イメージを共有します。

要件定義フェーズで実行する作業は何なのか、それはどう活用されるものなのかを明確に理解し合うために、事前にその演習をやってしまおうというわけです。

具体的には、プレ要件定義（序盤）、要件定義（中盤）、開発（終盤）の３つのフェーズのプ譜を考えます。そして、各フェーズの勝利条件を次のように設定します。

序盤：プレ要件定義「要件定義プロジェクトのWBSと必要な人・情報がそろっている」
中盤：要件定義「安心して開発投資ができる信頼と確信が共有されている」
終盤：開発「事前に約束した納期通り、予算通りのリリース」

開発フェーズは従来型WBSマネジメントそのものを実現することを意味します。

この「当たり前」を実現するのがいかに大変なことなのかを、事前に理解し合うのが狙いです。

この３つのプ譜は、最初の商談時に全部見せることが大切です。

## ⚑ 成果：進め方の見通しが立ち、予算を獲得できる

こうすることで、最終局面をプロジェクトのスタート時にイメージすることができます。最終局面から逆算して、その手前で何をすべきか、さらにその手前のいまはどうあるべきかが見えてきます。

顧客は進め方の見通しが明瞭になってようやく、見積り内容に納得できます。スクラッチ開発型のITプロジェクトにおいては商談時の大きな不安や懸念との戦いが避けられませんので、こうしたイメージのすり合わせが予算獲得の背中を押してくれます。

---

**POINT**

あらかじめプロジェクトの進め方におけるポリシーと
具体的な施策を握っておく

# プロジェクトは
# 「いざ蓋を開けてみたら、
# 思っていたのと全然違う!」
# との戦いである

## 予定したことが予定通りに進まない、
## あらゆる仕事がプロジェクトの時代

　今日の社会の動向は、情報技術の日進月歩を抜きには考えられません。毎年毎年、ハードもソフトも通信も、あらゆる面が進歩しています。それらを起点とした新たなビジネスの栄枯盛衰も、大変に激しい状況があります。

　自然環境や国際関係の変動もダイナミックで、今日と同じような明日がやってくるとは思えないような世の中です。

　そのような環境にあっては、一見ルーティンワークに見える仕事や確実に達成可能だと思われる目標でも、いざ手を付けてみると思っていたのとまったく異なる状況にしばしば見舞われます。

　ありとあらゆる仕事がこのようなプロジェクト的な困難をはらみ、予定通りに進まない難しさをともなう時代が到来しています。

## 部分的な情報から全体を類推するのは難しい

「利益を上げたい」「世の中を便利にしたい」「コストを削減したい」「業務を効率化したい」「素敵なデザインを生み出したい」「暮らしを楽しくしたい」……など、世の中にあるプロジェクトの数だけ、テーマがあります。

しかし後から振り返ると、プロジェクトを開始する段階では本当に取り組むべきテーマは一体何なのか、実はよくわかっていなかったということがよくあります。それが、プロジェクトの難しいところでもあり、面白いところでもあります。

たとえば「業務効率化」を目的としてプロジェクトを立ち上げたとしましょう。それは、ある人にとっては「利益を生み出すための手段」であるのに、別の人にとっては「残業を減らすための手段」となり、また他の人は「社風やカルチャーを変革する」のが大事だと思っていても、別の誰かは「情報システムの刷新こそがクリティカルだ」と考えているかもしれません。

全体像を正確に把握することがいかに難しいかは、みなさんもよくおわかりかと思います。


## 状況を打破するために、
## 何をどの方向性に進めるかを可視化せよ

同じ言葉を使っているのに違う現実をイメージしてしまう。いやむしろ、同じ言葉を使っているせいで、そのズレに気づくきっかけがない。

それでも、ああだこうだと活動して、いよいよ実際のものが具現化され立ち上がったときに——「なんだ、これは！」と、関係者全員がびっ

くり仰天する。そんなことも、よくある失敗の姿です。

しかしそれは、誰も望んでいない結末であるはずです。

どんなプロジェクトであれ、必ず共通の構造が存在します。そのことに気づき、理解をしなければ、物事が思い通りにならない苦しみから逃れることはできません。

本書が目指したのは、「プロジェクトの種類、規模、起案者であるか否か、を問わず、プロジェクトが思い通りに進まないすべての人に、プロジェクト進行の技術を身につけてもらうこと」です。

そのために提示したのが、姿かたちの見えない、人の頭の中にしかないプロジェクトを、目に見える形として目指すべき方向を表現する「プ譜」というツールであり、方法論でした。

プ譜を書き続けていると、実際に書かずとも頭の中でプ譜の構造を思い描くことができるようになります。すると、所与の条件における弱みや脅威などのネガティブな要素を適切に把握し、エネルギーやチャンスにつなげられるようになります。

勝利条件を満たすために達成しなければならない中間目的を即座に立案し、過不足ないかを判断できるようになるのです。

それは、そのときの状況に応じて解決すべき真の課題を見極める思考力が身についてきた証拠です。

私たちはこうした思考を「プロジェクト思考」とよんでいます。

## 結果と過程、結局どちらが大事？

プロジェクトを振り返るとき、結果と過程のどちらが大事でしょうか？ もちろん、結果が大事です。結果が出ないと、価値はゼロです。過程も何もあったものではありません。

しかしだからといって、「結果さえ出せばよいから、過程はどうでもいい」という人がいますが、これは大きな間違いです。

　まぐれでよい結果が出ることはめったにないですが、戦略的な誤りはほぼ確実に失敗を招きます。もちろん、勝敗は時の運に影響を受けます。とはいえ、どんなに過程がすばらしくても、結果が出ないこともあります。

　過程と結果、究極の二者択一においては結果が第一義にあるからこそ、過程がいかにあるべきかを極めるべきです。

　結局のところ、私たちは過程について考える以外にありません。どんなプロジェクトも、いくつかの主要成功要因に分解することができます。そして、それぞれを遂行する確率を高めることが、プロジェクト全体の成否を分けることになります。

　出たとこ勝負と結果論のプロジェクトではなく、勝つべくして勝つためのプロジェクトでありたい。そのためには、目の前にある課題を適切に咀嚼し、とりうる選択肢を適切に位置づける方法論があってしかるべきだと思い、本書を執筆しました。

　本書を読み終えてからが、本当の「プロジェクト進行の技術を身につける」旅への出発となります。

　みなさんのプロジェクトが、少しでもうまくいきますように。

2020 年 3 月

前田考歩・後藤洋平

# 会員特典について

## プ譜のダウンロード方法

本書で紹介している「プ譜」のテンプレート（PowerPoint＆PDF形式）を用意しています。

以下のサイトからダウンロードして入手してください。

https://www.shoeisha.co.jp/book/present/9784798164106

※ 会員特典データのファイルは圧縮されています。ダウンロードしたファイルをダブルクリックすると、ファイルが解凍され、ご利用いただけるようになります。

●注意
※ 会員特典データのダウンロードには、SHOEISHA iD（翔泳社が運営する無料の会員制度）への会員登録が必要です。詳しくは、Web サイトをご覧ください。
※ 会員特典データに関する権利は著者および株式会社翔泳社が所有しています。許可なく配布したり、Web サイトに転載することはできません。
※ 会員特典データの提供は予告なく終了することがあります。あらかじめご了承ください。
●免責事項
※ 会員特典データの記載内容は、2020 年 3 月現在の法令等に基づいています。
※ 会員特典データに記載された URL 等は予告なく変更される場合があります。
※ 会員特典データの提供にあたっては正確な記述につとめましたが、著者や出版社などのいずれも、その内容に対してなんらかの保証をするものではなく、内容やサンプルに基づくいかなる運用結果に関してもいっさいの責任を負いません。
※会員特典データに記載されている会社名、製品名はそれぞれ各社の商標および登録商標です。


# 本書に関するお問い合わせ

このたびは翔泳社の書籍をお買い上げいただき、誠にありがとうございます。弊社では、読者の皆様からのお問い合わせに適切に対応させていただくため、以下のガイドラインへのご協力をお願いいたしております。下記項目をお読みいただき、手順に従ってお問い合わせください。
●ご質問される前に
　弊社 Web サイトの「正誤表」をご参照ください。これまでに判明した正誤や追加情報を掲載しています。
　　正誤表　https://www.shoeisha.co.jp/book/errata/
●ご質問方法
　弊社 Web サイトの「刊行物 Q&A」をご利用ください。
　　刊行物 Q&A　https://www.shoeisha.co.jp/book/qa/
　インターネットをご利用でない場合は、FAX または郵便にて、下記 " 翔泳社　愛読者サービスセンター " までお問い合わせください。電話でのご質問は、お受けしておりません。

# 著者紹介

## 前田考歩 （まえだ・たかほ）

1978年三重県生まれ。自動車、映画、地域活性、防災、育児、離乳食、動画など、様々な
業界と製品のプロジェクトマネジメントに携わる。プロジェクトに「編集」的方法を活かし
た、プロジェクト・エディティングを提唱、実践中。大人・子どもを問わず、プロジェクト
を興し進めていく力を養成する「プ譜ワークショップ」の他、子どもが自ら「問い」を見つ
け、表現し、主体的にものごとに取り組む視点や力を養成する「なんで？プロジェクト」を
主宰。宣伝会議「Web動画クリエイター養成講座」、「見込客を顧客に育成するセールスコン
テンツ講座」の講師を務め、後藤氏との「プロジェクトマネジメント基礎講座」が人気を集
める。著書に『予定通り進まないプロジェクトの進め方』（宣伝会議）がある。

✎ 執筆担当：5～7章、8-1節、8-4節、8-6節、8章コラム、9-1～9-6節

## 後藤洋平 （ごとう・ようへい）

1982年大阪生まれ。2006年東京大学工学部システム創成学科卒。「なぜ人と人は、考えた
ことを伝えあうのが難しいのだろうか」を生涯のテーマとしている、プロジェクト進行支援家。
想定外のトラブルが絶えない現場を前進させる方法論「プロジェクト工学」を考案し、2018
年に『予定通り進まないプロジェクトの進め方』（宣伝会議）を上梓。以来、書籍執筆や
Webメディアへの寄稿、講演会登壇、企業向けワークショップ等、多方面で活動中。2019
年5月10日に独立し、株式会社ゴトーラボ代表に就任。

✎ 執筆担当：1～4章、8-2節、8-3節、8-5節、8-7節、9-7節

紙1枚に書くだけでうまくいく
プロジェクト進行の技術が身につく本

2020 年　4 月 15 日 初版第 1 刷発行
2024 年　6 月　5 日 初版第 5 刷発行

著者　　　　前田考歩・後藤洋平
　　　　　　まえだたかほ　ごとうようへい
発行人　　　佐々木 幹夫
発行所　　　株式会社 翔泳社（https://www.shoeisha.co.jp/）
印刷・製本　株式会社 シナノ

ブックデザイン・イラスト・DTP　　竹内公啓（https://publixjp.com）

ISBN978-4-7981-6410-6

Printed in Japan